지금도 충분한 ____________에게

마음일기

마음일기

음을 되돌아보며

나에 대해 얻는 깨달

년 365일 언제라도

곁에 있어 줄 나의 일

설기문 지음

학지사

상담을 진행하면서, 내담자들이 상담을 받지 않는 일상생활 속에서도 도움을 받을 수 있는 도구나 수단이 없을지 고민을 많이 해 보았습니다. 사실 상담 회기 동안에 내담자는 상담자에게서 케어와 지지를 받기에 용기와 힘을 얻고 자존감도 높아집니다. 하지만 상담 장면을 벗어나 일상생활로 돌아가면 크게 달라지지 않은 생활환경 속에서 다시 스트레스를 받고 상담 회기 동안에 지지받았던 자존감을 잃어버리기 쉽습니다. 그래서 부정적인 자기를 다시 만나게 되고 좌절하면서 진정한 자신의 가치를 잊기 쉽습니다.

하지만 내담자는 일상생활 속에서도 자기를 살피면서 스스로 긍정성을 놓치지 않으며 용기와 자신감, 자존감을 유지하기 위한 노력을 기울일 필요가 있습니다. 그런 의미에서 『마음일기』를 만들었습니다. 이 책이 제시하는 주제에 따라 일기를 쓰듯 하루하루를 기록하다 보면 자연스레 자신을 성찰하면서 새로운 나를 발견하는 기회를 갖기가 쉬워질 것입니다. 이 책은 그러한 목적을 위한 좋은 도구가 될 수 있을 것입니다.

일차적으로 이 책은 상담 후 자기관리에 어려움을 겪고 있는 내담자를 위해서 쓰였습니다만 일반인 또한 활용할 수 있습니다. 대부분의 현대인은 일상생활 속에서 자기 자신을 되돌아보고 성찰할 기회를 갖기가 쉽지 않습니다. 이 책을 지침으로 삼아 자기의 하루를 되돌아보면, 숨겨진 진정한 자기를 보다 쉽게 발견하게 되어 자기긍정성과 내면의 자원들을 찾고 개발할 수 있는 계기를 마련할 수 있을 것입니다.

아무쪼록 이 책을 통하여 일상생활 속에서 자신의 내면을 살피면서 보다 건강하고 성장하는 삶을 살게 되기를 바랍니다.

이 책의 활용법

내가 나를 만나는 시간
내가 나하고 놀아 주는 시간
내가 나하고 가만히 이야기하는 시간…….

내가 나하고 뭔가를 해 보는 것이 어색합니다.
내게 가장 가까운 사람은 나 자신인데
왜 우리는 이렇게 나를 멀리 두고 살아갈까요?
어떻게 하면 나와 더 많은 시간을 보낼 수 있을까…….
그래서 마음일기가 태어났습니다.

마음일기는 '또 하나의 나'입니다.
가장 좋은 친구처럼 곁에 두고 사이좋게 잘 지내면서
늘 행복하세요.

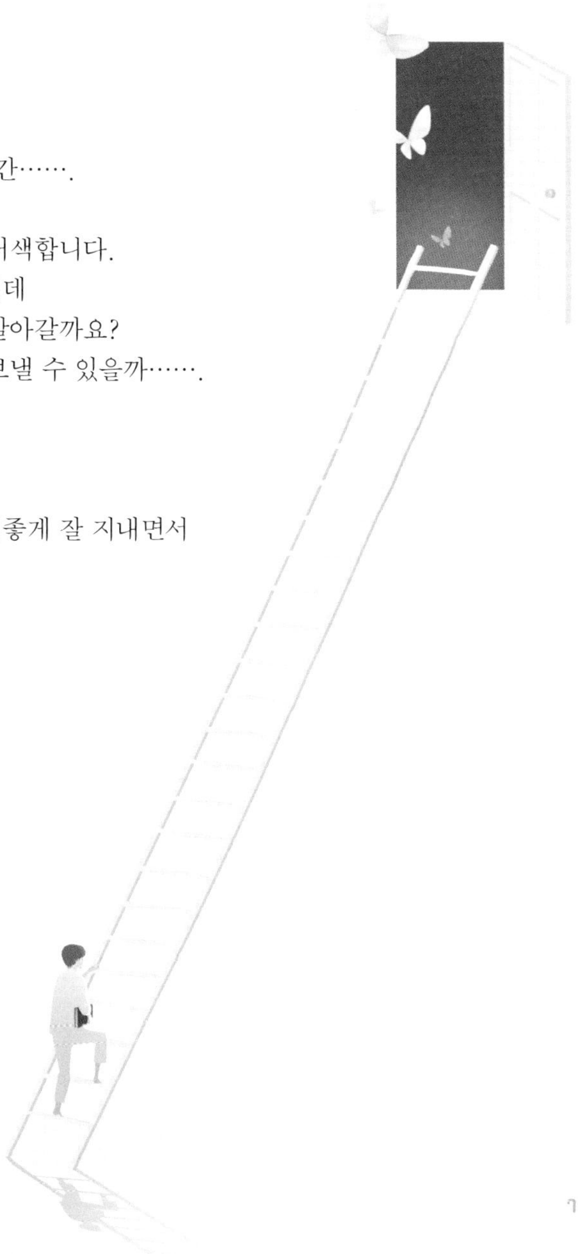

1 마음일기는 하루를 지나는 동안에 내 마음이 어떠했는지, 내 마음이 어떻게 흘렀는지 그 흐름을 살펴보는 것이기에 매일 일기를 쓰듯이 마음일기를 쓰는 것이 좋습니다.

2 마음일기는 내 마음의 하루를 기록하는 것이기에 가벼운 마음으로, 자신의 편에 서서 쓰는 것이 좋습니다.

3 마음일기에 제시된 질문에 대해 생각해 보고 답을 씁니다. 그 답을 찾는 과정에서 자신의 내면과 만날 수 있을 것입니다.

4 저녁 시간이나 다른 조용한 시간에 이 책과 마주 앉는 것도 좋습니다. 하루를 보내며 느꼈던 마음의 움직임을 떠올리면서 그것에 대해 다시 생각해 볼 수 있는 여유가 생길 것입니다.

5 하루에 꼭 한 번만 쓰기보다는 쓰고 싶을 때 언제라도 쓰는 것이 더욱 좋습니다. 쓰는 동안 자신이 원하고 이루고 싶은 삶의 방향을 생각해 볼 수 있을 것입니다.

6 마음이 힘들고 감정의 동요가 심할 때 다른 누군가의 조언을 듣는 것도 좋지만 내 마음의 소리에 귀를 기울이는 것이 가장 효과적일 수 있습니다. 그런 순간에도 써 보세요.

7 내가 감정과 이성 중에서 어느 쪽을 더 많이 사용하고 있는지를 생각하며 쓸 수 있다면 더욱 효과적입니다.

8 누군가와 갈등을 겪거나 사이가 좋지 않아 마음이 불편할 때도 쓰면 좋습니다.

9 자신을 아끼고 지극히 사랑하며 돌보는 마음으로 쓰는 것이 자존감을 높이는 데 도움이 됩니다.

10 긍정적인 내용이나 바람직한 내용을 기록할 때는 그것에 감정을 이입하여 긍정적인 기분이나 감정을 증폭시키고 그 정서를 오래 음미하고 간직하는 것이 좋습니다.

11 책의 중간중간에 만다라 그림이 있습니다. 마음이 가는 대로 색칠을 하는 가운데 마음이 편안해지고 집중도 더 잘 되는 경험을 할 수 있을 것입니다.

12 편안하고 부담 없는 마음 상태로 내 마음의 흐름을 진솔하게 남기며, 성장하는 마음의 역사를 기록한다는 마음으로 쓰는 것이 좋습니다.

13 매일 글을 쓰고 난 후에는 마지막으로 글을 쓰기 전과 후의 자신의 마음을 비교해 보는 것도 좋을 것입니다. 글을 쓰고 또 그림에 색칠을 하며 나에게 얼마나 도움이 되었는지를 비교할 수 있기 때문입니다. 그 과정에서 자신에 대해서 다시 생각해 보고 성장하는 자기를 발견할 수 있을 것입니다.

나는 내 속에 다양한 모습으로 존재합니다.

잘 웃는 나와 잘 우는 나
감사하는 나와 불평하는 나
두려운 나와 용감한 나
소심한 나와 대범한 나
무엇이든 잘할 수 있을 것 같은 나와
아무것도 못할 것만 같은 나

많은 얼굴로 드러났다 사라지는 나를 찾아봅니다.
나는 내 마음에 꼭 드는 사람이기를
나는 누군가에게 힘이 되는 사람이기를
나는 원하는 것을 굴하지 않고 이루어 가는 사람이기를
나는 그렇게 살아갈 것을 믿습니다.
그 길을 가기 위해 오늘도 나와 함께합니다.

나는 언제나 가장 소중한 사람입니다.

우리가 살아가는 이곳
낯선 곳입니다.

살아 본 적이 없어서
처음 살아가는 곳이지요.

사랑하는 가족도 때로는 낯설고
어느 순간 몹시 낯선 감정이
손님처럼 찾아와 두렵게 합니다.

처음 살아보는 이곳의 내가
편안하고 따뜻하기를 바라는 마음으로
나의 모든 마음의 물결을 그려 보고
적어 가며 나를 챙겨 가기를 바랍니다.

나만 낯선 것이 아니라
모두가 낯설기에
서로가 힘이 되어 주고
사랑이 되어 주기를 바랍니다.

나는 오늘
어떤 마음으로 하루를 시작했나요?
오늘 내가 만난 사람들 중에서
가장 따뜻했던 사람은 누구였나요?
그 사람의 어떤 말이,
어떤 행동이 나를 따뜻하게 했나요?

아침에 눈을 뜨고 세수를 하면서 어떤 생각을 했나요. 아무 생각 없이 늘 하던 대로 무심하게 하루를 열었나요? 아니면 오늘은 이런 저런 좋은 일이 생겼으면 좋겠다는 마음으로 환하게, 빛나는 가슴으로 하루를 시작했나요?

나의 일상의 첫 시작이 언제나 두근두근 설렘이 담긴 그런 출발이 되었으면 좋겠습니다. 내일은 더 좋은 일들, 더 행복한 순간들이 기다리고 있을 거예요. 그것들을 놓치지 않고 발견하는 날이 되기를 바라며 그 소망을 하나하나 적으면서 나의 역사를 만들어 가시길 바랍니다.

T O D A Y ' S • M E M O R I E S

년 월 일 • 시 분 • 장소

오늘 아침, 입을 옷을 고르면서
나는 어떤 생각을 했나요?

그 옷을 고른 이유가 색깔 때문인지, 디자인 때문인지, 촉감 때문인지…
생각해 봐도 좋겠습니다.
나는 어떤 옷을 입을 때 기분이 좋아지나요?
오늘 내가 만난 사람은 어떤 옷을 입었던가요?
그 사람과 어떤 주제로 이야기를 나눴나요?
그 사람과의 시간이 즐거웠다면 왜 즐거웠는지?
그냥 밍밍했다면 왜 밍밍했는지…?
생각해 볼 수 있다면 뜻밖의 새로운 발견이 일어날지도 모릅니다.
나의 일상을 현미경으로 들여다보듯 세심하게 바라보는 즐거움을
시를 쓰듯, 소설을 쓰듯 적어 보세요.

T O D A Y ' S • M E M O R I E S

______년 ______월 ______일 • ______시 ______분 • 장소 ______

T O D A Y ' S • M E M O R I E S

년 월 일 • 시 분 • 장소

오늘 내가 바라고 이루고 싶었던 그것,
마음속에 담아 두기만 하고 행동하지 못했던 그것,
가슴 깊이 넣어 두고 말로 꺼내지도 못했던 그것을
오늘은 꺼내 놓고 하나하나 써 봅니다.
나의 하루하루가 어떠하기를 바라는지…
그 소중한 하루를 위해 내가 즐겁게, 기꺼이 할 수 있는 일은 무엇인지…
내가 오늘, 내일의 현실에서 이루고 싶은 것은 무엇인지 적어 보세요.

되돌아보기

1. 마음일기를 쓰기 전의 내 마음 상태는 어떠한가요?

0 2 4 6 8 10

불편함 편함

2. 마음일기를 쓰는 동안에 무엇을 느꼈나요?

3. 마음일기를 쓴 후의 내 마음 상태는 어떠한가요?

0 2 4 6 8 10

불편함 편함

4. 마음일기를 쓰기 전과 후의 마음 상태를 비교해 보세요. 느낌이 어떠한가요?

5. 오늘 하루 동안 이성과 감정을 사용한 비율은 어떠한가요? 아래 그래프에 막대로 표시하여 비교해 보세요.

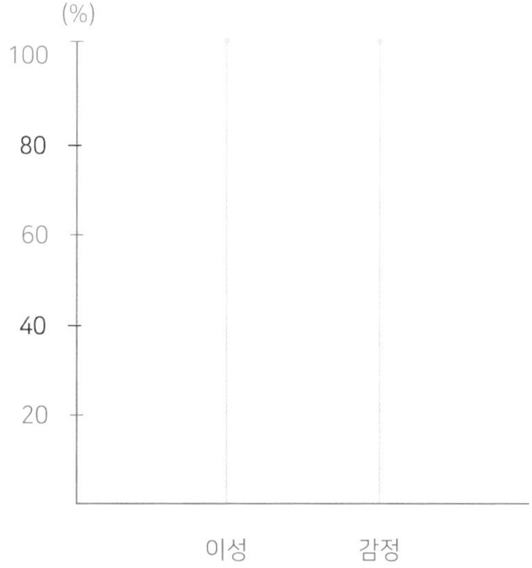

누구나 자주 쓰는 단어가 있지요.
내가 가장 많이 사용하는 단어나 말에는 어떤 것이 있나요?
어떤 사람은 '대충 살자' '그게 되겠어?' '그래 봤자야'
'내버려 둬' '나는 안 돼'와 같은 말들을 하지만
또 어떤 사람은 '그건 정말 신나는 일이야' '우와, 대박'
'내가 하는 일은 다 잘 되게 되어 있어'라고 말하기도 합니다.
나는 어떤 단어를 많이 사용하고 어떤 말을 많이 하는 편인가요?
오늘은 내가 하는 말들을 해부해 봅니다.
그리고 앞으로는 어떤 말을 많이 하면 좋을지 생각해 볼까요?
내가 사용하는 단어와 말에는 내 마음이 담겨 있고
나의 무의식도 담겨 있습니다.
그리고 그것은 나 자신이기도 합니다.
나는 어떤 단어와 말로 나를 표현하며 하루를 보낼까요?
천천히 생각하며 적어 봅니다.

T O D A Y ' S • M E M O R I E S

____ 년 ____ 월 ____ 일 • ____ 시 ____ 분 • 장소 ____

거울을 보면 거울 속에 내가 있습니다.
자세히 오래 바라볼수록 익숙한 내 얼굴이 조금씩 낯설어집니다.
거울 속의 내 얼굴에는 나의 감정과 생각들이 들어있지요.
내 눈 속에 든 내 마음을 바라보고
내 얼굴빛 속에 든 내 감정도 천천히 바라볼 수 있을 것입니다.
오늘 거울은 나에게 어떤 내 모습을 반사시켜 보여 주나요?
거울 속의 나와 긴 대화를 해 보아도 좋겠습니다.
어떤 대화를 할 수 있을까요?
생각나는 대로 적어 봅니다.

T O D A Y ` S • M E M O R I E S

______년 ______월 ______일 • ______시 ______분 • 장소 ____________

누구를 가장 좋아하나요?
누구를 가장 존경하나요?
좋아하거나 존경하는 사람이 잘 떠오르지 않는다면
TV에서 자주 보거나 좋아하는 연예인을 생각해도 좋습니다.
내가 만약 그 사람이라면 지금 무엇을 하며
내일은 어떻게 살아갈지, 어떤 음식을 먹고 어떤 생각을 하며
하루를 보낼지를 상상해 봅니다.
상상되는 이미지들을 그대로 적어도 좋습니다.
마음껏 상상의 날개를 펼치면서
그 소중한 상상경험을 잘 기록해 봅니다.

T O D A Y ' S • M E M O R I E S

_______년 _______월 _______일 • _______시 _______분 • 장소 _______________

되돌아보기

1. 마음일기를 쓰기 전의 내 마음 상태는 어떠한가요?

0 불편함	2	4	6	8	10 편함

2. 마음일기를 쓰는 동안에 무엇을 느꼈나요?

3. 마음일기를 쓴 후의 내 마음 상태는 어떠한가요?

0 불편함	2	4	6	8	10 편함

4. 마음일기를 쓰기 전과 후의 마음 상태를 비교해 보세요. 느낌이 어떠한가요?

5. 오늘 하루 동안 이성과 감정을 사용한 비율은 어떠한가요? 아래 그래프에 막대로 표시하여 비교해 보세요.

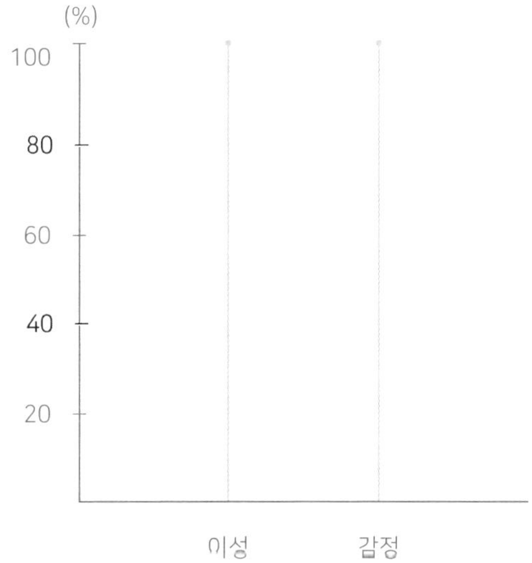

물감, 색연필, 펜 등 마음에 드는 대로 그림을 색칠해 보세요.
골치 아픈 일들에서 잠깐 벗어나 상상하는 대로,
손이 움직이는 대로 창의력을 펼쳐 보는 겁니다.

그렇게 세상에 단 하나뿐인 나만의 예술 작품을 탄생시켜 봅니다.

두근두근 버킷 리스트!
내일의 버킷 리스트를 적어 봅니다.
내일은 꼭 하고 말겠어.
내일은 꼭 가고야 말겠어.
내일은 꼭…

내일 내가 이루고 싶은 소망이나 하길 원하는 것 두 가지를 생각합니다. 그것은 나를 기쁘게 하겠지요? 오랜만에 그립거나 좋아하는 누군가에게 전화해 긴 통화를 해도 좋을 것입니다. 아니면 맛있는 한 끼를 즐겁게 먹는 것과 같은 사소한 것이어도 좋습니다. 무엇을 적어 볼까요?

T O D A Y ' S • M E M O R I E S

______년 ______월 ______일 • ______시 ______분 • 장소 ______________

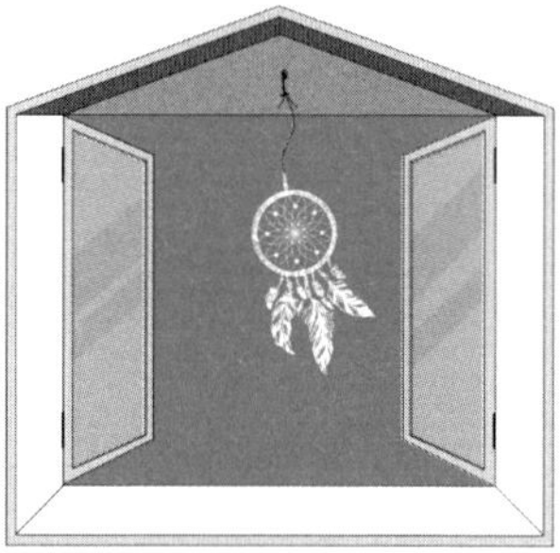

나만의 시간을 내어
나를 기록했던 지난 시간들의 느낌을 적어 봅니다.
내가 적은 것들을 다시 읽어 보며
그날의 기억을 되새겨도 좋습니다.
멋진 기억은 재소환해서 음미하는 시간을 가져도 좋습니다.
가능하면 좋은 것, 즐거운 것,
행복한 것, 긍정적인 것만 생각하며 적어 갑니다.
왜냐하면 이 일은 긍정노트를 작성하는 작업이며
내 안의 긍정적 자원을 확장시켜
나의 내면을 더욱 성장시키는 일을 하는 것이니까요.
유쾌하게 적어 내려가 봅니다.

T O D A Y ' S • M E M O R I E S

_____년 _____월 _____일 • _____시 _____분 • 장소 __________

"미안해요." "잘못했어요."
이런 말은 듣는 사람을 따뜻하게 합니다.

"왜 그랬어?" "어쩜 그럴 수가 있어?" "도무지 이해가 안 돼."
이런 말은 듣는 사람을 무안하게 합니다.

미안할 때는 얼른 '미안하다'고 하는 것이 좋으며
누군가가 내게 '미안하다'고 할 때는
얼른 '괜찮다'고 그 말을 받아주는 것이 좋습니다.
'미안하다'고 얼른 말할 수 있는 것은 큰 용기입니다.
용기 있게 살 수 있다면 그 시간들은 멋진 시간입니다.
미안함을 전하고, 이해하고 용서해 주는 것에 대해 생각해 봅니다.
오늘 미안함을 전하지 못한 사람이 있나요?
다음에는 꼭 전하도록 하면서
오늘은 어떤 마음으로 살았는지 적어 봅니다.

TODAY`S • MEMORIES

년 월 일 • 시 분 • 장소

되돌아보기

1. 마음일기를 쓰기 전의 내 마음 상태는 어떠한가요?

2. 마음일기를 쓰는 동안에 무엇을 느꼈나요?

3. 마음일기를 쓴 후의 내 마음 상태는 어떠한가요?

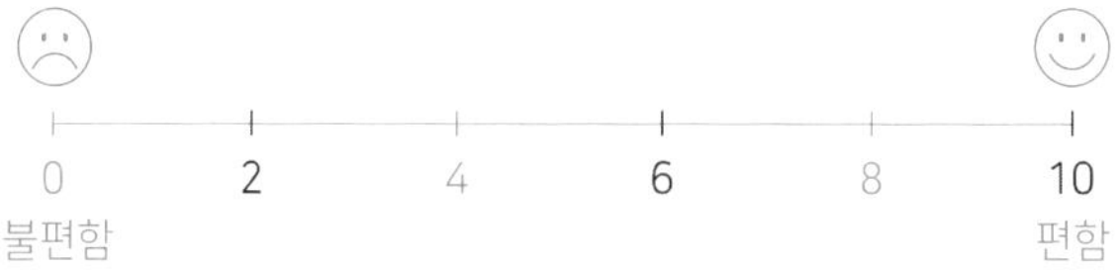

4. 마음일기를 쓰기 전과 후의 마음 상태를 비교해 보세요. 느낌이 어떠한가요?

5. 오늘 하루 동안 이성과 감정을 사용한 비율은 어떠한가요? 아래 그래프에 막대로 표시하여 비교해 보세요.

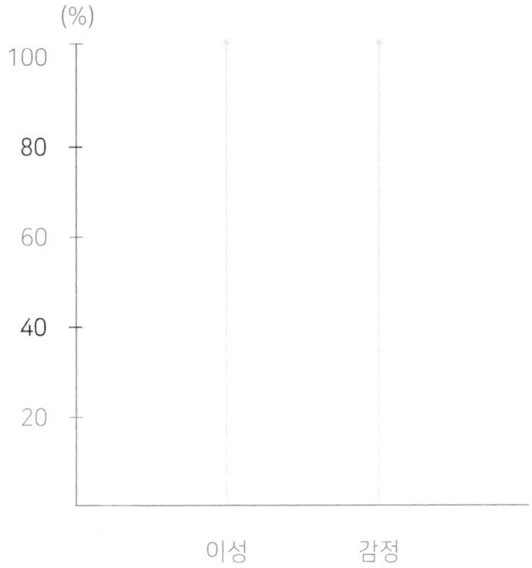

T O D A Y ' S • M E M O R I E S

_____년 _____월 _____일 • _____시 _____분 • 장소 _____

내가 특별히 예민하게 느끼는 일이 있나요?
남들에겐 아무 일도 아닌데 나만 유독 많이 신경 쓰이고 불편한,
그런 일이 있나요?
내가 예민하게 반응하는 것들을 생각해 봅니다.
타인이 하는 어떤 말이 될 수도 있고 행동이 될 수도 있습니다.
때로는 향기나 색깔이 될 수도 있지요.
나는 왜 그것에 그렇게 예민해질까요?
나를 예민하게 하는 사람, 나를 예민하게 하는 말이나 말투,
나를 예민하게 하는 눈빛...
그런 것들을 적으면서 '나는 왜 예민한가?' 생각해 봐도 좋겠습니다.

T O D A Y ' S • M E M O R I E S

____년 ____월 ____일 • ____시 ____분 • 장소 ____

고대 그리스 철학자인 헤라클레이토스는
"우리는 같은 강물에 두 번 발을 담글 수 없다."고 했습니다.
우리가 살아가는 어느 한 순간도 같은 순간은 없습니다.
흘러간 강물은 다시 돌아오지 않으며
오늘의 강물은 어제의 강물이 아니지요.
어제의 새 소식이 오늘은 헌 소식이 됩니다.
내가 어제 입었던 옷은 하루만큼 나에게 맞지 않을 수도 있습니다.
나를 불편하게 했던 어제의 기억이 있다면
지나간 강물처럼 흘려보내야 할 것입니다.
어제의 일을 오늘의 일처럼 생각하며
흘러가는 강물을 뒤따라 달리는 것은 아까운 시간입니다.
나는 오늘을 새로운 하루로 살았나요?
나도 모르게 어제의 기억에 붙잡히고
과거의 상처에 얽매여 마음 상해하지는 않았나요?
그런 일은 없었는지 찾아보며 적어 봅니다.
다 적고 나서 굿바이~ 하고 떠나보내 주세요.

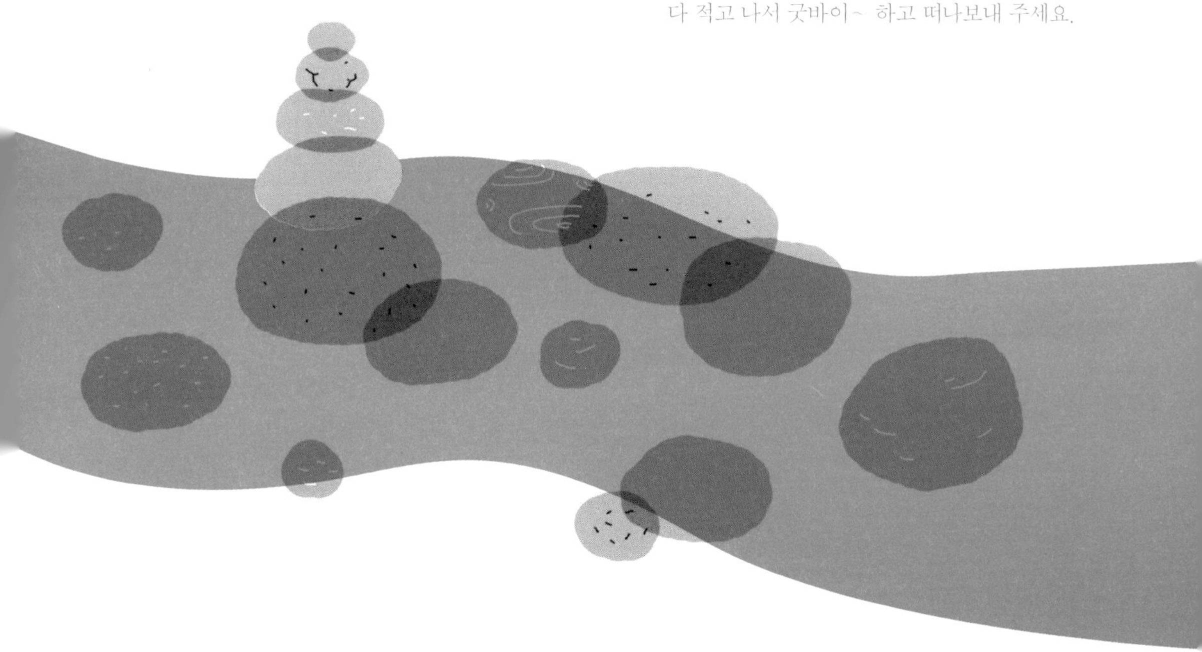

모든 일에는 때가 있습니다.

때가 오고 가는 것은 자연의 아름다운 법칙입니다.
우리들의 일상도 자연이며 그 법칙이 존재합니다.
일어나야 할 일은 때가 되면 일어나고 사라질 일은 때가 되면 사라집니다.
사람과의 만남도 그 때를 따라 만나기도 하고
때가 차면 자연스레 헤어지기도 합니다.
모든 것에 때가 있음이 고맙습니다.
때를 기다리노라면 좀 더 느긋하게 있어도 될 일은 절로 되고
내게 필요한 일은 너무 힘들게 애쓰지 않아도
꽃잎 진 자리에 열매가 열리듯
좋은 결실로 돌아올 수밖에 없음을 믿습니다.
괜히 조바심을 느끼고 있지는 않나요.
어떤 일은 좀 더 천천히 생각해 봐도 될 거예요.
좀 더 여유롭게 마음을 먹으면
그 일도 천천히 알아서 저절로 될 거예요.

T O D A Y ' S • M E M O R I E S

년 월 일 • 시 분 • 장소

되돌아보기

1. 마음일기를 쓰기 전의 내 마음 상태는 어떠한가요?

0	2	4	6	8	10
불편함					편함

2. 마음일기를 쓰는 동안에 무엇을 느꼈나요?

3. 마음일기를 쓴 후의 내 마음 상태는 어떠한가요?

0	2	4	6	8	10
불편함					편함

4. 마음일기를 쓰기 전과 후의 마음 상태를 비교해 보세요. 느낌이 어떠한가요?

5. 오늘 하루 동안 이성과 감정을 사용한 비율은 어떠한가요? 아래 그래프에 막대로 표시하여 비교해 보세요.

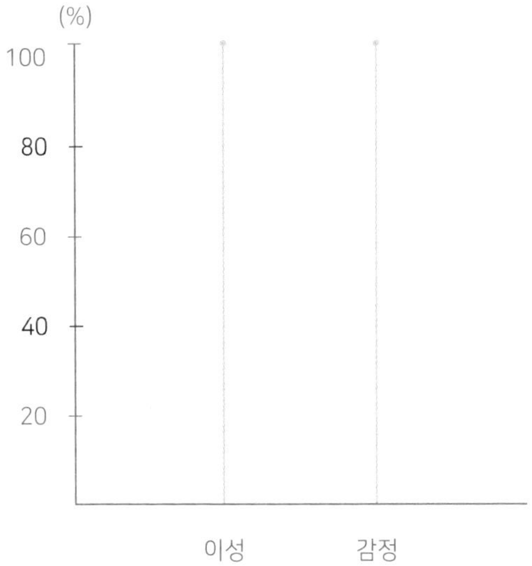

물감, 색연필, 펜 등 마음에 드는 대로 그림을 색칠해 보세요.
골치 아픈 일들에서 잠깐 벗어나 상상하는 대로,
손이 움직이는 대로 창의력을 펼쳐 보는 겁니다.

그렇게 세상에 단 하나뿐인 나만의 예술 작품을 탄생시켜 봅니다.

원효대사는 옷을 짓는 데는 작은 바늘이 필요한 것이니
기다란 창이 있다고 해도 소용이 없다고 했습니다.
쏟아지는 비를 피할 때에는 작은 우산 하나면 족한 것이니
하늘이 넓다고 더 큰 우산을 구하는 헛수고를 할 필요가 없다고도 했습니다.
그러니 아무리 작고 하찮은 것이든
타고난 바와 생김에 따라 세상의 모든 것은 두루 값진 보배가 됩니다.
나의 부분 중에서 지금까지 하찮게 여긴 것이 있다면
그것은 무엇일까요?
내가 무시했던 내 모습 중에서
조금이라도 쓰임새가 있다고 생각할 수 있는 것은 무엇일까요?
그것을 소중히 여기고 존중할 때 나는 어떻게 달라질 수 있으며
나의 무엇이 바뀔 수 있을까요?

T O D A Y ' S • M E M O R I E S

______년 ______월 ______일 • ______시 ______분 • 장소 ____________

오늘도
충분히 애쓴 하루였습니다.

충분히 노력하고 충분히 마음으로 기도하고
충분히 걱정했습니다.
그럼 된 거예요. 걱정은 이제 그만요.
내가 충분히 했던 모든 것을 기록으로 남겨 주세요.
그리고 그 다음은 하늘의 뜻으로 남겨 두세요.
설레는 마음으로 내일을 기다리며
편안한 마음을 즐겨 보세요.
충분히 애쓴 시간들은 그 자체로 이미
완벽한 성과가 되며 기쁨이 됩니다.
오늘 내가 애쓴 모든 것을 기록해 봅니다.

T O D A Y ' S • M E M O R I E S

________년 ________월 ________일 • ________시 ________분 • 장소 ________________

T O D A Y ' S • M E M O R I E S

______년______월______일 • ______시______분 • 장소______

서두르지 마세요.
우리가 하는 일에는 때를 기다려야 하는 것이 많습니다.
씨앗 하나를 땅에 묻으면
긴 시간 동안 마음을 다해 돌보아야
싹이 트고 꽃이 피고 열매를 맺지요.
그 씨앗처럼 우리 마음에 묻어 두고
기다려야 할 일도 많습니다.
천천히 해야 할 일은 반드시 천천히 해야 합니다.
서둘러야 하는 일은 차 시간을 놓치지 않기 위한
노력이나 쓰레기를 버리는 일 정도면 족합니다.
내 마음을 조급하게 하지 말고
느릿느릿 우보천리를 가세요.
나를 급하게 만드는 일이 있나요?
나는 어떤 일에 마음이 조급해지나요?

되돌아보기

1. 마음일기를 쓰기 전의 내 마음 상태는 어떠한가요?

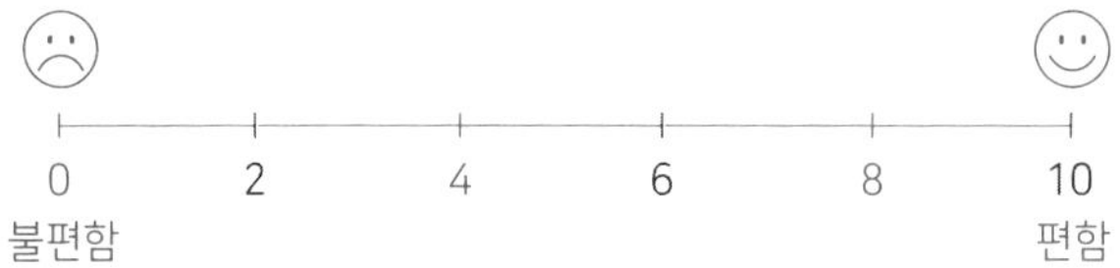

2. 마음일기를 쓰는 동안에 무엇을 느꼈나요?

3. 마음일기를 쓴 후의 내 마음 상태는 어떠한가요?

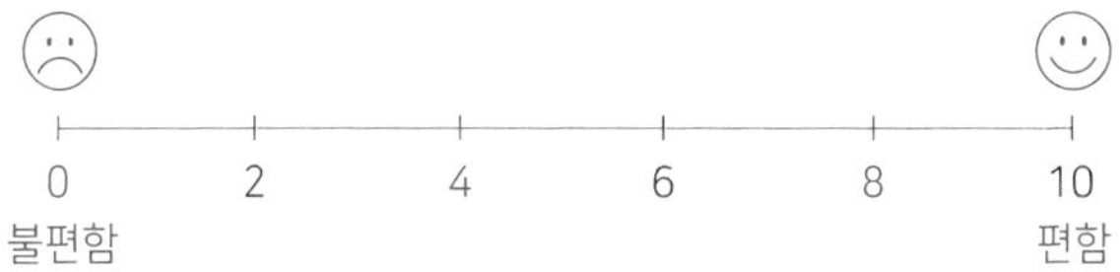

4. 마음일기를 쓰기 전과 후의 마음 상태를 비교해 보세요. 느낌이 어떠한가요?

5. 오늘 하루 동안 이성과 감정을 사용한 비율은 어떠한가요? 아래 그래프에 막대로 표시하여 비교해 보세요.

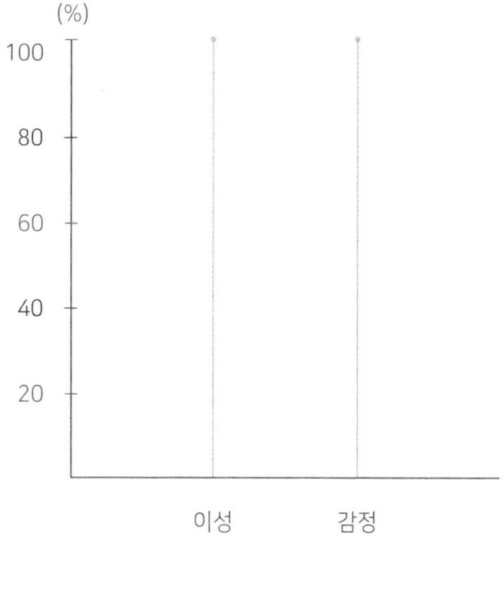

항상 긍정적이지 않아도 좋습니다.
아니, 그럴 필요가 없답니다.
불편한 감정을 억누르는 것이 오히려 더 나쁘지요.
화가 날 때는 화를 내고, 걱정이 될 때는 걱정을 하고, 슬플 때는 슬퍼해야 합니다.
그래야 내가 건강해지고 행복해집니다.
참지 말고 아가처럼 칭얼거려도 좋습니다.
오늘은 어떤 감정을 느꼈나요?
그것이 어떤 것이라 해도 상관없지요.
내 감정은 내 것이니 내 마음대로 표현해도 됩니다.
이왕이면 예쁘게 표현하면 더 좋겠지요.

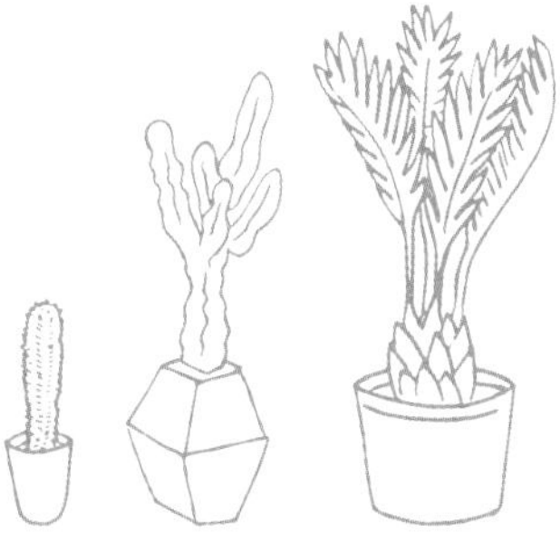

내 마음은 언제나 소중합니다.

T O D A Y ' S • M E M O R I E S

_____년 _____월 _____일 • _____시 _____분 • 장소 _____

오늘 내가 억눌렀던 것은 어떤 것인가요?
오늘 내가 조금 거칠게 표현한 것이 있다면 어떤 것인가요?
그것을 솔직하게, 하지만 좀 더 부드럽게 표현할 수 있는 방법에는
무엇이 있을까요?
만약 그렇게 할 수 있다면 이제라도 그렇게 해 볼까요?

나 자신을 깊이 관찰한 적이 있나요?
나 자신에게 깊은 사랑을 느낀 적이 있나요?
나는 어떤 사람인지 깊이 생각해 본 적이 있나요?
나는 어떤 일에 환호하고
어떤 일에 쉽게 절망하는 사람인지 생각해 본 적이 있나요?
나는 어떤 사람을 좋아하고
어떤 사람을 불편해하는지 생각해 본 적이 있나요?
나는 무엇을 하며 살아가고 싶은지,
어떤 사람으로 남고 싶은지
그리고 내가 얼마나 소중한 사람인지를 적어 봅니다.

T O D A Y ' S • M E M O R I E S

________년 ________월 ________일 • ________시 ________분 • 장소 ____________________

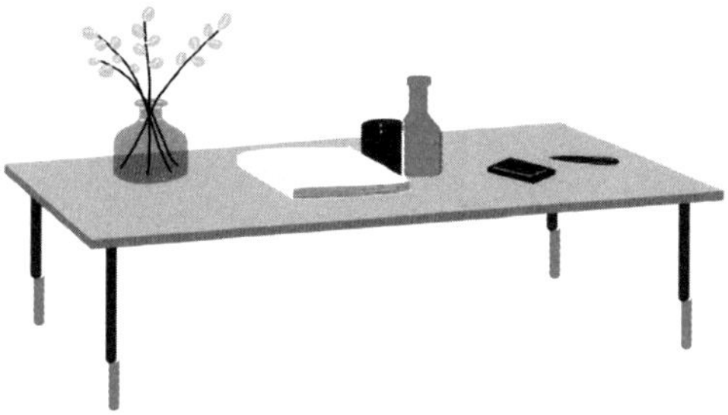

계란 열 개가 한 꾸러미,
연필 열 두 자루가 한 다스,
신발 두 짝이 한 켤레이듯
내 마음 안의 행복꾸러미와 성취꾸러미 속에는
다양한 그 무엇이 가득합니다.
당신의 이름 석 자 속에 든 꾸러미에는
무엇이 얼마나 들어 있나요?
곰곰이 생각해 보고 기록해 봅니다.

T O D A Y ' S • M E M O R I E S

______년 ______월 ______일 • ______시 ______분 • 장소 __________

되돌아보기

1. 마음일기를 쓰기 전의 내 마음 상태는 어떠한가요?

☹ ☺

0 2 4 6 8 10

불편함 편함

2. 마음일기를 쓰는 동안에 무엇을 느꼈나요?

3. 마음일기를 쓴 후의 내 마음 상태는 어떠한가요?

☹ ☺

0 2 4 6 8 10

불편함 편함

4. 마음일기를 쓰기 전과 후의 마음 상태를 비교해 보세요. 느낌이 어떠한가요?

5. 오늘 하루 동안 이성과 감정을 사용한 비율은 어떠한가요? 아래 그래프에 막대로 표시하여 비교해 보세요.

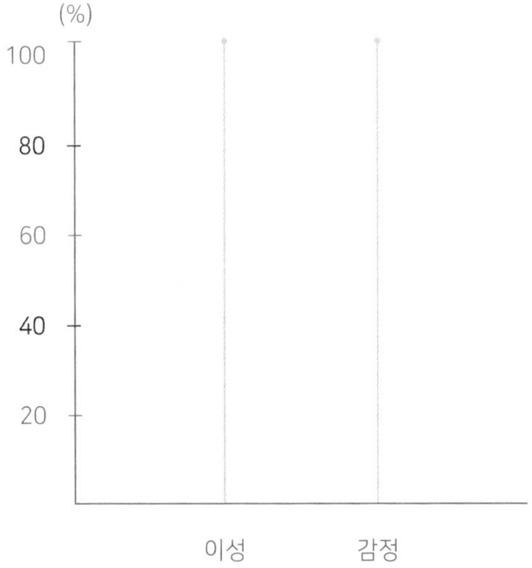

물감, 색연필, 펜 등 마음에 드는 대로 그림을 색칠해 보세요.
골치 아픈 일들에서 잠깐 벗어나 상상하는 대로,
손이 움직이는 대로 창의력을 펼쳐 보는 겁니다.

그렇게 세상에 단 하나뿐인 나만의 예술 작품을 탄생시켜 봅니다.

하늘을 올려다보면 하늘이 웃는 듯합니다.
푸른 들판을 바라보면 들판이 손짓하는 듯합니다.
마음의 눈으로 이 세상을 바라보면 나를 부르는 많은 소리가 들리는 듯합니다.
이처럼 내 마음은 모든 것을 만들 수도 있고 없앨 수도 있습니다.
오늘, 어떤 것이 나를 부르며 손짓하던가요?
누가 나를 부르며 웃고 있던가요?
나는 어떤 소리를 듣고 따라갔나요, 아니면 따라가지 않았나요?
어떤 소리를 더… 더… 더 많이 듣고 싶나요?
그런 내 마음은 어떤 마음이며 어디로 흘러가고 있나요?
그런 내 마음에 대해선 나는 어떻게 생각하나요?
여기에 적어 봅니다.

T O D A Y ' S • M E M O R I E S

______년 ______월 ______일 • ______시 ______분 • 장소 ____________

당신이 꿈꾸고 소망하는 것은 무엇인가요?
비록 그것이 멀리 떨어져 있는 것처럼 보일지라도
조금씩 당신에게로 다가오고 있다고 상상하고 느껴볼 수 있을까요?
당신은 지금 다가오고 있는 그것을 맞을 준비를 하고 있나요?
만약 그것이 정말로 다가와서 나의 것이 된다면
얼마나 좋을지, 얼마나 신날지, 얼마나 행복할지 떠올려 보고 느껴 봅니다.
내 마음 어느 곳에서 어떤 기분이 느껴질지를 상상하고 그려 봅니다.
내 꿈이 이루어진 상황이나 풍경 속에서
나는 어떻게 행동하고 말하고 있는지 바라봅니다.
그곳에서의 나의 표정과 목소리는 어떤지 바라봅니다.
그것을 바라보는 내 마음은 어떤가요?
꿈을 이룬 나는 어떤 사람인가요? 과거와 얼마나 어떻게 달라졌나요?
이루어질 나의 꿈에게 조금 더 관심과 사랑과 기도를 모아 줍니다.
그리고 그 꿈을 꾸고 있는 나를 소중하게 여기며 쓰담쓰담 격려해 줍니다.
이미 이루어진 내 꿈을 마음의 눈으로 보면서 격려해 주세요.

T O D A Y ' S • M E M O R I E S

_____년 _____월 _____일 • _____시 _____분 • 장소 __________

오늘 나의 행복을 위한 노력 중에서
'참 잘 했구나' 싶은 것을 적어 보세요.
나를 위한 모든 노력은 아름답습니다.
매순간 나를 기쁘게 만드는 일은 내가 해야 하며,
내일의 내가 더욱 크고 강하며 부드러운 사람으로
거듭나기 위한 노력 또한 나의 몫입니다.
내가 나를 사랑하는 법을 생각해 봅니다.
어떻게 사랑해 주면 내가 좋아할까요?

T O D A Y ' S • M E M O R I E S

_____년 _____월 _____일 • _____시 _____분 • 장소 __________

되돌아보기

1. 마음일기를 쓰기 전의 내 마음 상태는 어떠한가요?

0 2 4 6 8 10

불편함 편함

2. 마음일기를 쓰는 동안에 무엇을 느꼈나요?

3. 마음일기를 쓴 후의 내 마음 상태는 어떠한가요?

0 2 4 6 8 10

불편함 편함

4. 마음일기를 쓰기 전과 후의 마음 상태를 비교해 보세요. 느낌이 어떠한가요?

5. 오늘 하루 동안 이성과 감정을 사용한 비율은 어떠한가요? 아래 그래프에 막대로 표시하여 비교해 보세요.

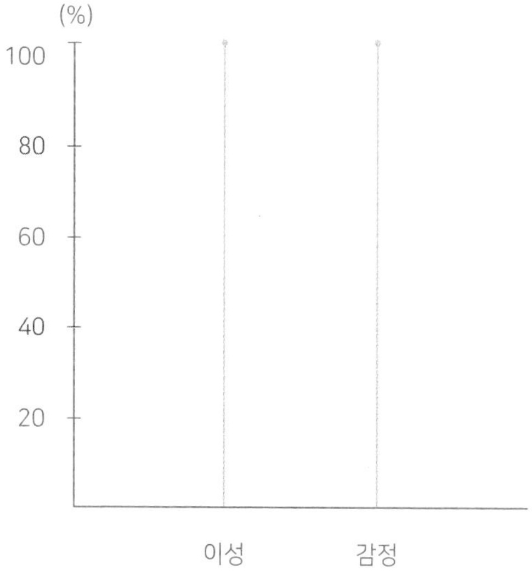

T O D A Y ' S • M E M O R I E S

년 월 일 • 시 분 • 장소

때때로 바깥세상은 지저분하고 더럽기도 합니다.
그래서 불쾌하거나 싫어지기도 합니다.
하지만 바깥세상이 좀 그러면 어떤가요?
바깥세상이 좀 지저분해도 괜찮습니다.
혼란스러워도 괜찮습니다.
내 마음이 편안하다면 말입니다.
중요한 것은 내 마음 아닐까요?
내 마음이 편안하다면 어떤 것이든 문제가 될까요?
바깥세상이 어떠하든 내 마음이 편안하다면
모두 괜찮다고 할 수 있지 않을까요?
어쩌면 모든 일은 그다음부터라고 생각할 수 있습니다.
위대한 것들은 다 그렇게 시작하니까요.
아름다운 창조물은 다 그런 과정 속에서 탄생하지요.
지저분해도, 어수선해도, 산만해도 괜찮은 내 마음의 여유를 위해
나에게 편지를 하나 써 줄 수 있을까요?
무엇이든 그럴 수도 있지요. 그럴 수도 있어요.
그런 마음을 담아서 말입니다.
그럴 수 있어서 참 다행입니다.

같은 것도 거꾸로 보면 다르게 보입니다.
항상 가던 길도 거꾸로 가면 다르게 느껴집니다.
일상생활도, 많이 하는 생각도,
가끔은 '거꾸로 보기' 놀이를 해 보면 어떨까요.
앞이 뒤가 되고, 오른쪽이 왼쪽이 되면
뭔가 신선한 발견을 할 수도 있습니다.
내 마음이 그렇게 뒤죽박죽되어 거꾸로 보기를 해 본다면
근심, 걱정들도 뒤죽박죽되어 사라질 것 같아요.
거꾸로 보기를 즐겨 보고 그 기분을 남겨 보세요.

TODAY'S • MEMORIES

____년____월____일 • ____시____분 • 장소____

T O D A Y ' S • M E M O R I E S

년 월 일 • 시 분 • 장소

어린 시절, 갖고 싶은 것을 얻기 위해 떼를 써 본 적이 있나요?
울고 매달리며 떼를 쓰다 보면
엄마는 웬만하면 "알았어." "그래~" 하고 사 주시곤 했습니다.
'내 아이가 저만큼 갖고 싶구나.'
'내 아이가 저만큼 먹고 싶구나.'
엄마는 아이 마음의 간절함을 알아차리지요.

지금 내가 원하는 것을 얻기 위해 나 스스로에게 떼를 써 보면 어떨까요?
아이가 엄마에게 칭얼거리듯 나에게 떼를 쓰다 보면
내가 나를 위해 그것을 얻기 위한 구체적인 길을 찾게 될 것입니다.
큰소리로 외치듯, 떼쓰며 울듯 내가 나에게 말해 볼 수 있을까요?
그것을 적어 봅니다. 그런 나를 바라봅니다.
그리고 그렇게 했을 때 내 마음이, 내 느낌이 어떤지를 느껴봅니다.

되돌아보기

1. 마음일기를 쓰기 전의 내 마음 상태는 어떠한가요?

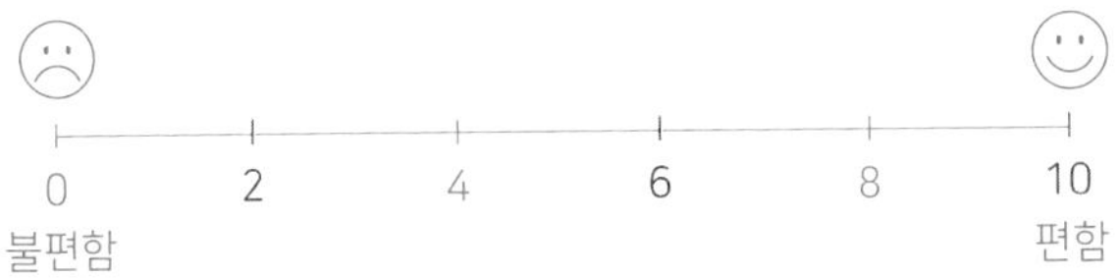

2. 마음일기를 쓰는 동안에 무엇을 느꼈나요?

3. 마음일기를 쓴 후의 내 마음 상태는 어떠한가요?

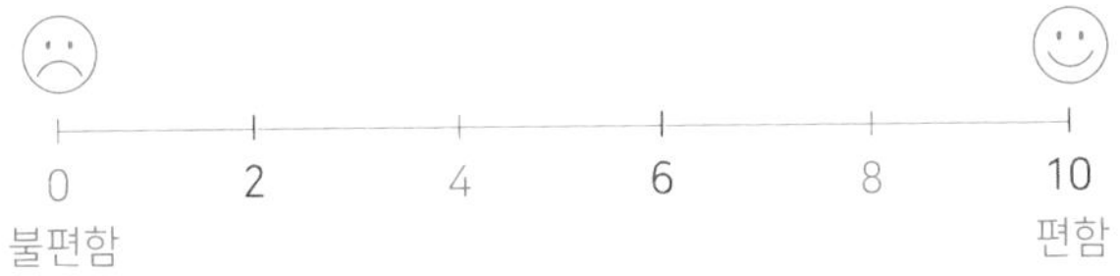

4. 마음일기를 쓰기 전과 후의 마음 상태를 비교해 보세요. 느낌이 어떠한가요?

5. 오늘 하루 동안 이성과 감정을 사용한 비율은 어떠한가요? 아래 그래프에 막대로 표시하여 비교해 보세요.

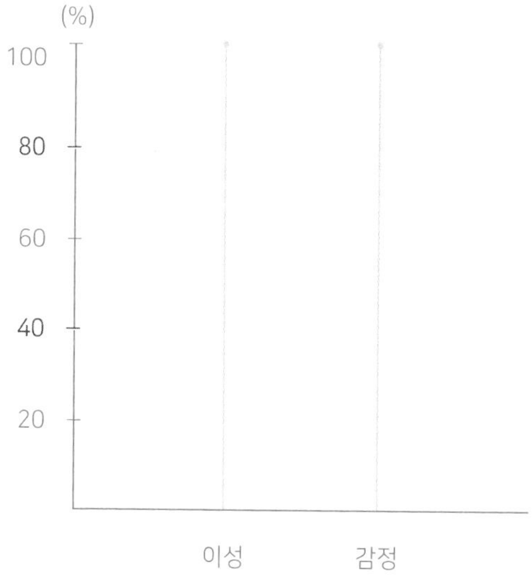

물감, 색연필, 펜 등 마음에 드는 대로 그림을 색칠해 보세요.
골치 아픈 일들에서 잠깐 벗어나 상상하는 대로,
손이 움직이는 대로 창의력을 펼쳐 보는 겁니다.

그렇게 세상에 단 하나뿐인 나만의 예술 작품을 탄생시켜 봅니다.

원하는 것을 많이 갖고 싶은 우리들입니다.
멋진 옷도 많이 갖고 싶고, 열심히 일해서 돈도 많이 벌고 싶지요.
갖고 싶은 모든 것은 많을수록 좋습니다.
많이 많이 갖고 싶습니다.

그런데, 많음과 적음의 차이는 얼마나 클까요?
많이 소망하는 내 마음속에 깃든 욕심의 크기를 생각해 본 적이 있나요?
내가 가진 욕심이 나와 세상을 향한 건강한 욕심이라면 더 좋겠지요.
내 욕심의 색깔을 바꾸어 보면 어떨까요?
나는 어떤 욕심을 가지고 있으며 얼마나 큰 욕심을 가지고 있을까요?
그 욕심이 건강한 것인지에 대해서도 생각해 봅니다.
그리고 건강하지 않다면
어떻게 건강한 욕심으로 바꿀 수 있을지 생각합니다.
건강한 욕심이라면 그것을 충족시키기 위해서
어떻게 해야 하는지 생각해 봐도 좋겠습니다.

T O D A Y ' S • M E M O R I E S

년 월 일 • 시 분 • 장소

T O D A Y ' S • M E M O R I E S

______년 ______월 ______일 • ______시 ______분 • 장소 ______________

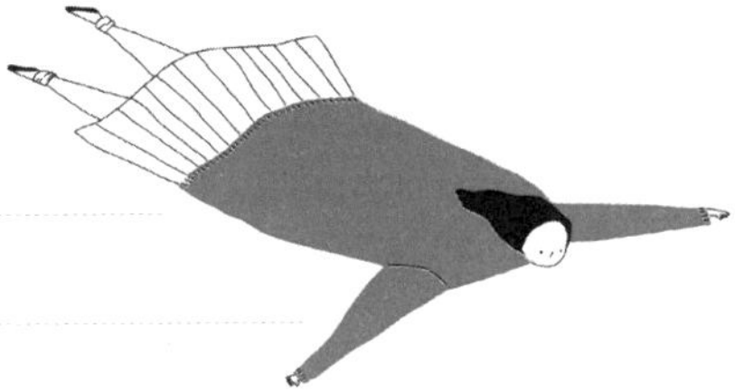

나의 비범함에 대해 생각해 본 적이 있나요?
나의 비범함에 대해 잘 알고 있는 사람이 있나요?
어떤 사람은 나무를 비범하게 다루는 재주가 있어서 도마를 만들고,
또 어떤 사람은 그림을 잘 그려 친구들에게
멋진 그림 카드를 만들어 주기도 합니다.
또 어떤 사람은 마음을 위로하는 비범한 능력이 있어서
그의 주변에 위로 받고 싶은 사람들이 많습니다.
나에게는 어떤 비범함이 있을까요? 만약 작게라도 비범함이 있다면…
남에게 칭찬받았던 일, 인정받았던 일, 자랑스럽게 여겼던 일,
자부심을 느꼈던 일… 남이 하지 못하던 것을 해냈던 일,
어려워서 못하겠다고 부탁받은 일을 깔끔하게 해냈던 일…….
이런 모든 것이 비범함과 관련될 수 있습니다.
그 비범함이 비록 위대하게 생각되지 않더라도
대단하게 보이지 않아도 괜찮습니다.
작고 사소한 것도 아름다울 수 있으니까요.
그 비범함을 놓치지 말고 찾아내어 적어 봅니다.

나의 부족함에 대해 생각해 봅니다.
무엇이 모자라서 아쉬움을 느끼나요?
얼른 생각이 나지 않고
답이 떠오르지 않아도 괜찮습니다.
부족함을 채우기 위한 노력도 좋지만
내가 가진 넉넉함을 더욱 키우는 것은
더 좋은 노력이 될 것입니다.
부족하다는 마음을 내려놓을 수 있다면
나는 늘 풍족한 사람이 될 것입니다.
나의 부족함이 있는 그 자리에
나의 풍족함을 채워 봅니다.
그 풍족함에 대해서 써 봅니다.

T O D A Y ' S • M E M O R I E S

__________년 __________월 __________일 • __________시 __________분 • 장소 ____________________

되돌아보기

1. 마음일기를 쓰기 전의 내 마음 상태는 어떠한가요?

☹ ☺

0 2 4 6 8 10

불편함 편함

2. 마음일기를 쓰는 동안에 무엇을 느꼈나요?

3. 마음일기를 쓴 후의 내 마음 상태는 어떠한가요?

☹ ☺

0 2 4 6 8 10

불편함 편함

4. 마음일기를 쓰기 전과 후의 마음 상태를 비교해 보세요. 느낌이 어떠한가요?

5. 오늘 하루 동안 이성과 감정을 사용한 비율은 어떠한가요? 아래 그래프에 막대로 표시하여 비교해 보세요.

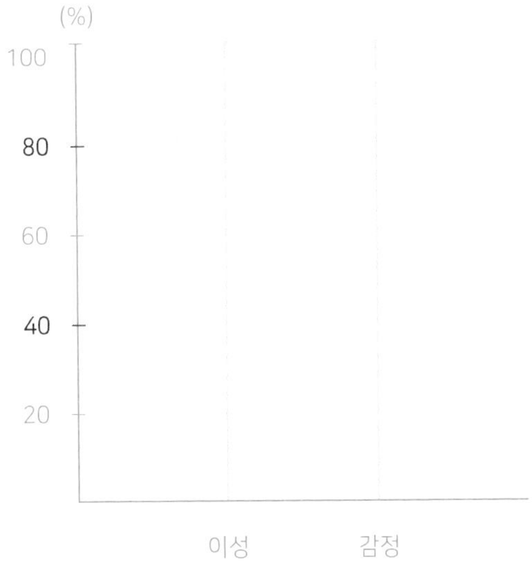

멍 때리는 시간…
아무 생각 없이 멍하게 있는 시간…
시간이 가는지 오는지 아무 생각 없는 시간…
멍하게 허공을 바라보면서 온갖 생각들이 지나가도 그냥 바라보는 시간…
멍하게 하늘을 올려다보고 멍하게 앞을 봅니다.
끝없는 공상에 잠겨도 좋겠습니다.
기적 같은 일이 일어나길 바라면서
기적의 상황 속에 빠지는 상상도 좋겠습니다.
공상 영화에서나 가능한 일이 실제로 벌어지는 상상 속의
주인공이 되는 기분과 느낌을 느껴 보는 것…
어린아이의 마음으로, 동화 같은 나의 상상 속 세상과 풍경
또는 느낌들을 적어 봅니다.

T O D A Y ' S • M E M O R I E S

년 월 일 • 시 분 • 장소

"그대가 움켜쥔 게 웬만큼 되거들랑
그대보다 더 아쉬운 사람에게 자네 것 좀 나눠 주고
그들의 마음 밭에 자네 추억 씨앗 뿌려
사람 사람 마음속에 향기로운 꽃 피우면
천국이 따로 없네. 극락이 따로 없네."

내가 가진 것을 나눌 때 천국과 극락을 누리게 된다는 서산대사의 말씀입니다. 내가 가진 큰 마음을 나눔도 이에 못지않을 것입니다. 내 마음 한 자락 누군가에게 내어 주며 위로하고 격려하며 토닥일 수 있음은 향기로운 꽃을 피우는 일과 같다고 합니다. 그렇다면 오늘 나는 어떤 꽃을 피워볼까요? 그 꽃의 모양과 빛깔은 어떻고 향기는 어떠할지 생각하고 상상하면서 적어 봅니다.

T O D A Y ' S • M E M O R I E S

년 월 일 • 시 분 • 장소

직감은 사물이나 현상을 접할 때
설명하거나 증명하지 않고도 곧바로 알아차리는 감각을 말합니다.
그 순간에 바로 아는 것, 설명이 필요 없는 것이지요.
직감은 좋은 것입니다.
우리는 직감이 있기에 판단과 선택을 빨리 할 수 있고
위험에서 빨리 벗어날 수 있습니다. 그리고 문제 해결도 빨라질 수 있습니다.
물론 잘못된 직감 때문에 낭패를 볼 수도 있지만
대부분의 직감은 옳거나 맞습니다.
왜냐하면 직감은 자신의 잠재의식에서 나오는 것이니까요.
잠재의식은 바로 나를 위해서 일하는 것이거든요.

지금까지 살아오면서 직감을 가져 보거나
직감에 따라 판단하거나 행동했던 경험이 있나요?
나의 직감이 딱 맞아 떨어진 경우가 있었나요?
얼마나 자주 있었나요? 그것은 어떤 것이었나요?
가장 기억에 남고 가장 신기하게 여겨진 일은 무엇이었나요?
나는 얼마나 직관적인 사람인가요?
그런 경험들에 대해서 생각해 보면 어떨까요?
직감과 직관에 대한 나의 경험을 적어 봅니다.

T O D A Y ' S • M E M O R I E S

________ 년 ________ 월 ________ 일 • ________ 시 ________ 분 • 장소 ________________

되돌아보기

1. 마음일기를 쓰기 전의 내 마음 상태는 어떠한가요?

0 불편함 — 2 — 4 — 6 — 8 — 10 편함

2. 마음일기를 쓰는 동안에 무엇을 느꼈나요?

3. 마음일기를 쓴 후의 내 마음 상태는 어떠한가요?

0 불편함 — 2 — 4 — 6 — 8 — 10 편함

4. 마음일기를 쓰기 전과 후의 마음 상태를 비교해 보세요. 느낌이 어떠한가요?

5. 오늘 하루 동안 이성과 감정을 사용한 비율은 어떠한가요? 아래 그래프에 막대로 표시하여 비교해 보세요.

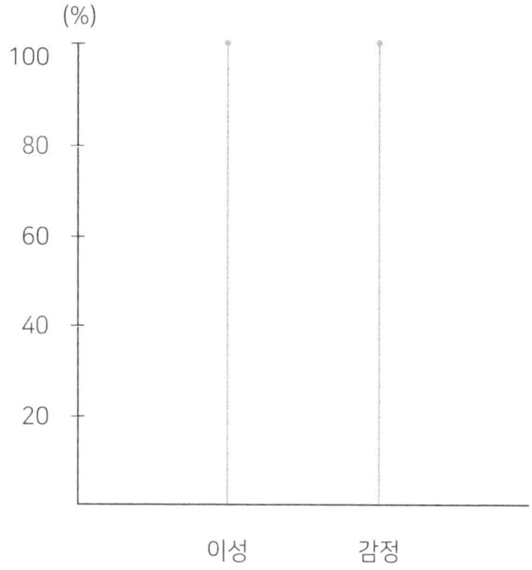

물감, 색연필, 펜 등 마음에 드는 대로 그림을 색칠해 보세요.
골치 아픈 일들에서 잠깐 벗어나 상상하는 대로,
손이 움직이는 대로 창의력을 펼쳐 보는 겁니다.

그렇게 세상에 단 하나뿐인 나만의 예술 작품을 탄생시켜 봅니다.

우주가 나에게 선물을 주고 싶어 합니다. 공짜로 말입니다. 그렇다면 나는 어떤 멋있는 선물을 받고 싶은가요?

이왕이면 간절히 원하는 소원을 생각해 봅니다.
꼭 이루고 싶은 소망이나 목표를 생각해 봅니다.
내가 원하는 것을 간절히 바랄 때 우주가 그것을 나에게 가져다준다고 합니다.
우주는 '끌어당김의 법칙'이 적용되는 곳이니까요.
끌어당김의 법칙이란 내가 진정으로 원하는 것이 있을 때,
그런 마음을 가질 때,
내 마음이 마치 자석처럼 곧 원하는 그것을 끌어당기게 된다는 것입니다.
그리고 우주는 그 일에 도움을 준다는 것이기도 하지요.
이제 내가 자석이 되어 내가 원하는 것을 마음으로 끌어당겨 본다면 어떨까요?
무엇을 끌어당기고 싶은가요?
평소에 갖기를 원했거나 이루기를 원했던 소망, 소원, 목표, 꿈이 있다면
그것에 대해서 생각해 봅니다. 그리고 적어 봅니다.
그리고 정말로 그것을 얻거나 실현했다면 그때의 기분이 어땠나요?
그 마음에 감사함도 담아서 적어 봅니다.

T O D A Y ' S • M E M O R I E S

______년 ______월 ______일 • ______시 ______분 • 장소 ______

‘실패란 없다.
피드백만 있을 뿐’

피드백이라는 것은 어떤 행동이나 절차가 이루어졌을 때
그 과정에서 무엇이 잘되었고 잘못되었는지,
또는 무엇이 좋았고 무엇이 안 좋았거나 부족했는지 알려 주는 것입니다.
피드백이 있기 때문에 이전보다 더 낫게 수정하고 개선하여
다음에는 더 좋은 결과를 얻을 수 있게 되지요.
그렇게 본다면 피드백은 일종의 교훈과도 같은 것입니다.
우리가 어떤 행동에서 교훈을 얻을 수 있다면
다음에는 더 낫게 행동할 수 있습니다.

‘실패’라고 생각할 수 있는 과정도
그 자체가 다음의 더 나은 결과를 위한 교훈을 줄 수 있는 것이기에
결코 실패라고 단정 지을 수 없습니다.
지금까지 내가 ‘실패’라고 단정 지었던 과거의 경험 속에서
얻을 수 있는 피드백을 생각해 봅니다.
실패를 통해 더욱 성장하고 성숙했던 나의 경험, 그 고마웠던 실패를 떠올리고
실패에 대해 감사한 마음을 남겨 봅니다.

T O D A Y ' S • M E M O R I E S

________년 ________월 ________일 • ________시 ________분 • 장소 ________________

T O D A Y ' S • M E M O R I E S

________년 ________월 ________일 • ________시 ________분 • 장소 ________________

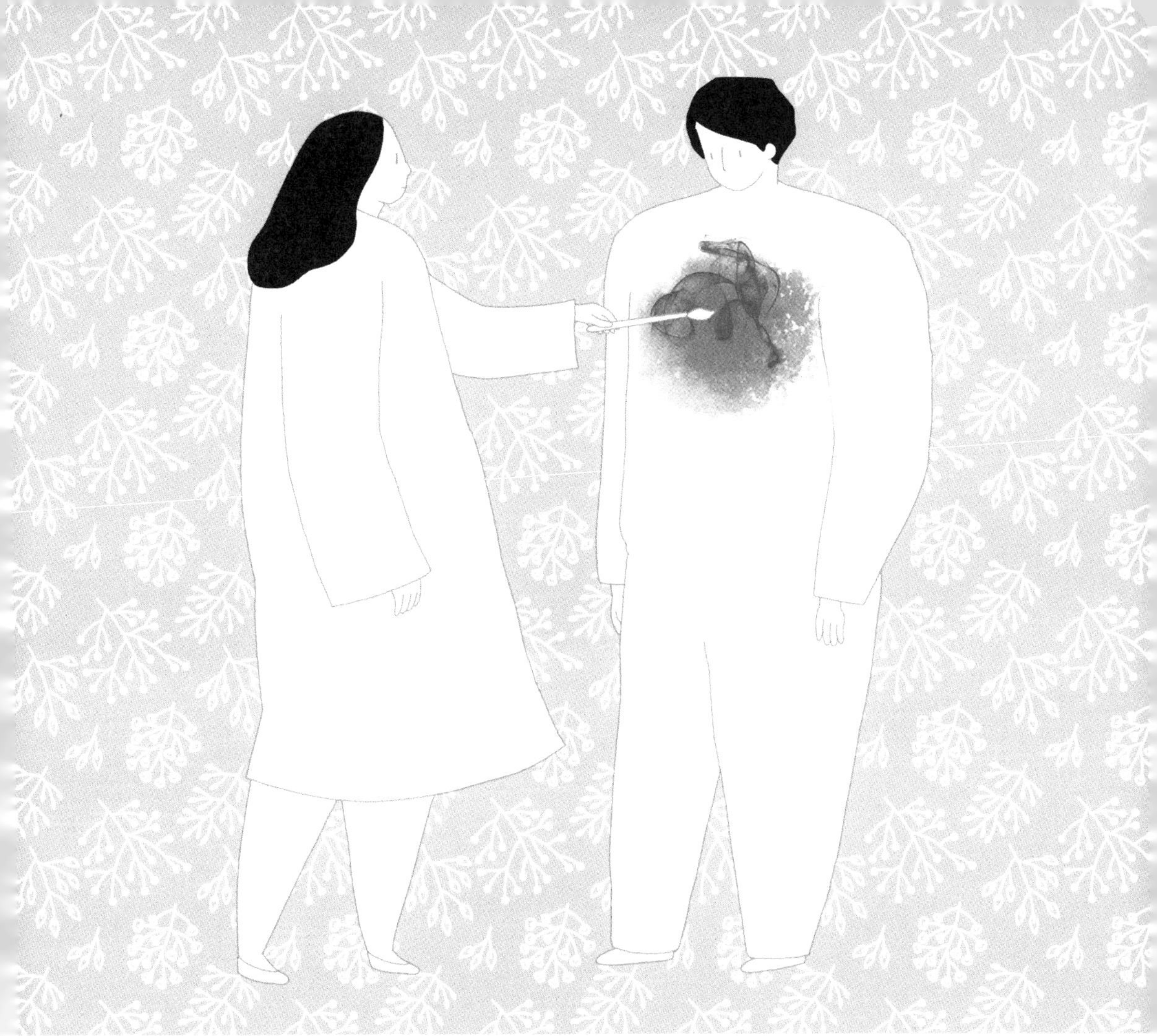

나는 오늘 어떤 사람이었을까요? 나를 만난 사람들은 오늘의 나를 어떻게 기억할까요?
나는 오늘 사람들에게 나에 대한 어떤 '그림'을 그려 주었을까요?
내가 한 말, 내가 했던 행동…….
이 모든 것은 사람의 마음이라는 도화지에 '그림'으로 남겨지게 됩니다.
그래서 사람들은 그 '그림'을 보면서 나에 대해서 좋게도 나쁘게도 생각하거나 느끼겠지요.
그런 의미에서 우리 모두는 화가입니다. 나는 오늘 어떤 화가였나요?
오늘 내가 좋은 그림을 그렸다면, 내 마음에 쏙 들 뿐만 아니라
다른 사람 마음에도 들게 그림을 그렸다면 어느 부분에서 그랬다고 생각할 수 있을까요?
만약 마음에 들지 않게 그렸다면 어느 부분에서 그랬다고 생각할 수 있을까요?
그래서 내일은 어떻게 그리면 더 좋을까요? 오늘의 내가 아쉬웠다면 그것은 무엇일까요?
아쉬웠던 것과 만족스러웠던 것, 모두 적어 봅니다.

되돌아보기

1. 마음일기를 쓰기 전의 내 마음 상태는 어떠한가요?

☹ ☺

0 2 4 6 8 10

불편함 편함

2. 마음일기를 쓰는 동안에 무엇을 느꼈나요?

3. 마음일기를 쓴 후의 내 마음 상태는 어떠한가요?

☹ ☺

0 2 4 6 8 10

불편함 편함

4. 마음일기를 쓰기 전과 후의 마음 상태를 비교해 보세요. 느낌이 어떠한가요?

5. 오늘 하루 동안 이성과 감정을 사용한 비율은 어떠한가요? 아래 그래프에 막대로 표시하여 비교해 보세요.

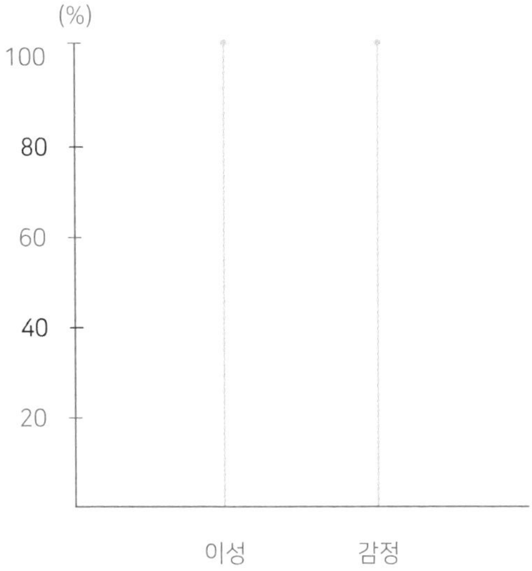

오늘 나의 헤어스타일은 어떠했나요?
오늘 내가 입었던 옷은 어떠했나요?
무슨 색깔이었나요? 마음에 들었나요?
마음에 들었다면 어떤 이유로 마음에 들었을까요?
마음에 들지 않는 부분이 있었다면
어떤 부분에서 왜 마음에 들지 않았을까요?
오늘 누구를 만나서 어떤 이야기를 나눴나요?
그 시간들은 내게 어떤 경험으로 남아 있나요?
오늘 나의 헤어스타일과 내가 입었던 옷은
그들에게 어떤 인상으로 남겨졌을까요?
오늘 나의 헤어스타일과 내가 입었던 그 옷처럼
내가 품었던 마음도 그렇게 누군가에게 보여졌을 것입니다.
어떻게 보여졌을까요? 내 마음이 평화로웠다면
그 사람도 나의 평화를 눈치채고 편안했을 것입니다.
오늘 내 마음은 어떠했는지
얼마나 평화로웠는지 써 봅니다.

T O D A Y ' S • M E M O R I E S

______ 년 ______ 월 ______ 일 • ______ 시 ______ 분 • 장소 ______

오늘을 지혜롭게 살아가는 가장 평범한 진리는
내가 할 수 있는 일에 집중하고 즐기며
그 일을 통해 행복을 느끼는 것입니다.

나는 오늘 무엇을 바라고 무엇을 이루었나요?

T O D A Y ' S • M E M O R I E S

_____ 년 _____ 월 _____ 일 • _____ 시 _____ 분 • 장소 _____

내가 좋아하는 책 한 권을 생각해 봅니다.
시집도 좋고 수필집도 좋으며 소설책도 좋습니다.
그 책을 읽으면서 느꼈던 마음의 물결을 떠올려 봅니다.
그때 느꼈던 느낌이나 감정은 어떤 것이었나요?
그 책을 읽으면서 얼마나 몰입했나요? 그리고 얼마나 행복했나요?
그 책을 읽으면서 밑줄을 그었었나요?
만약 그랬다면 밑줄을 그은 구절들에는 어떤 것들이 있었는지
그 내용들을 생각하고 떠올려 봅니다.
어떤 느낌이며 어떤 기분인가요? 어떤 생각이 올라오나요?
이제 그런 내용들을 정리하고 그 마음으로 돌아가서 오늘을 기록해 봅니다.

T O D A Y ' S • M E M O R I E S

_____년 _____월 _____일 • _____시 _____분 • 장소 _____

되돌아보기

1. 마음일기를 쓰기 전의 내 마음 상태는 어떠한가요?

☹ ☺

0 2 4 6 8 10

불편함 편함

2. 마음일기를 쓰는 동안에 무엇을 느꼈나요?

3. 마음일기를 쓴 후의 내 마음 상태는 어떠한가요?

☹ ☺

0 2 4 6 8 10

불편함 편함

4. 마음일기를 쓰기 전과 후의 마음 상태를 비교해 보세요. 느낌이 어떠한가요?

5. 오늘 하루 동안 이성과 감정을 사용한 비율은 어떠한가요? 아래 그래프에 막대로 표시하여 비교해 보세요.

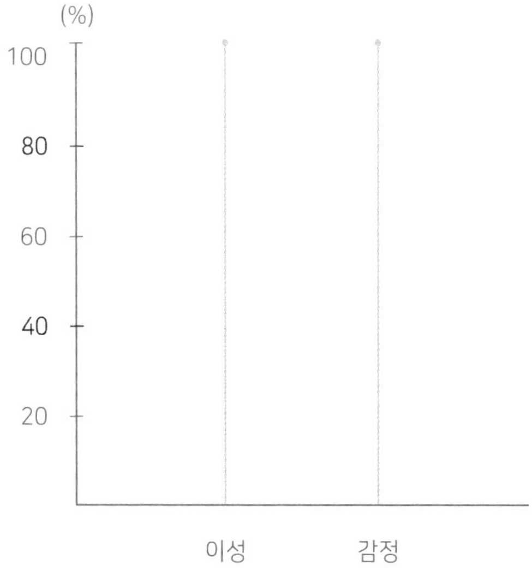

물감, 색연필, 펜 등 마음에 드는 대로 그림을 색칠해 보세요.
골치 아픈 일들에서 잠깐 벗어나 상상하는 대로,
손이 움직이는 대로 창의력을 펼쳐 보는 겁니다.

그렇게 세상에 단 하나뿐인 나만의 예술 작품을 탄생시켜 봅니다.

"아, 그 일은 이렇게 했으면 좋았을 걸……."
"그 말을 이렇게 하고 싶었는데……."

오늘 하루를 보내며 아쉬움이 남는 일이 있나요? 어떤 일들이 아쉬운가요? 그래서 어떻게 다르게 했으면 좋았겠다 싶은가요? 그 마음과 느낌, 그 감정은 어떤 것인가요? 그래서 되돌아보면 속상한가요? 후회가 되나요? 아니면 달리 어떤가요? 그런 것들에 대해서 구체적으로 적어 봅니다.
우리는 살면서 후회할 일들을 만들기도 하지만 인생이란 그것을 되돌아보면서 다시 반성하고 고쳐가는 과정이기도 합니다. 다음에는 어떻게 다르게 고치고 더 잘 할 수 있을까요? 그래서 후회하지 않고 아쉬움을 느끼지 않으려면 어떻게 하면 좋을까요?
어차피 완벽한 사람은 없을 것이기에 이왕이면 지나간 일은 그냥 추억으로 남길 수도 있을까요? 아무리 나쁜 일도 세월이 약이라고, 시간이 지나면 그냥 아련한 아쉬움으로 남거나 그냥 추억거리로 남을 수도 있잖아요. 그런 생각, 마음들을 적어 봅니다.

T O D A Y ' S • M E M O R I E S

________ 년 ________ 월 ________ 일 • ________ 시 ________ 분 • 장소 ________________

그림을 잘 그리든 못 그리든, 연필로 나를 그려 봅니다.
나를 모델로 그림을 하나 그려 보는 것입니다.
거울을 보면서 내 얼굴을 그려도 좋고
사진 속의 나를 그려도 좋습니다.
나의 얼굴에 특징이 있다면 그것은 무엇일까요?
마음에 들어도 좋고 들지 않아도 좋습니다.
이왕이면 마음에 드는 특징이 좋겠지만 모든 것이 마음에 들 수만은 없습니다.
비록 마음에 들지 않더라도 그 특징이 나를 나타내는 특별한 '징표'일 수 있습니다.
다른 사람들은 그 모습, 그 특징으로 나를 기억하고 떠올릴 것입니다.
내가 그린 나를 보면서 내 마음을 남겨 봅니다.

T O D A Y ' S • M E M O R I E S

_____년 _____월 _____일 • _____시 _____분 • 장소 __________

나의 롤모델은 누구인가요?
그 사람은 누구이고, 어떤 사람인가요?
그 사람은 어마어마한 부를 이룬 사람일 수도 있고,
사회적으로 성공하여 큰 명예를 누리는 사람일 수도 있으며,
예술가나 연예인과 같이 유명한 사람일 수도 있습니다.
그것도 아니면 그냥 평범한 사람일 수도 있습니다.
그 사람의 하루는 어떤 모습일까요?
그 사람의 어떤 '특별함'이 그를 특별한 사람, 뛰어난 사람으로 만들었을까요?
그 사람의 유능함은 무엇일까요?
그 사람은 어떤 마음으로 세상을 바라보며 어떤 소망을 가지고 있었고
그 소망을 어떻게 이루었을까요?
그 사람의 마음으로 들어가 그 마음을 바라보고 느껴 본다면 어떨까요?
그 사람이 지금의 나에게 편지를 쓰고 충고를 한다면 어떤 말을 할까요?
그것에 대해서 생각해 보고 적어 봅니다.
그 사람이 내게 줄 법한 조언을 써 봅니다.

T O D A Y ' S • M E M O R I E S

________년 ________월 ________일 • ________시 ________분 • 장소 ________________

되돌아보기

1. 마음일기를 쓰기 전의 내 마음 상태는 어떠한가요?

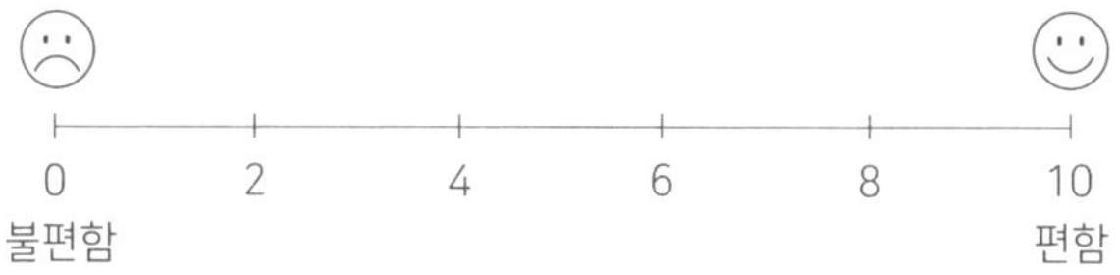

2. 마음일기를 쓰는 동안에 무엇을 느꼈나요?

3. 마음일기를 쓴 후의 내 마음 상태는 어떠한가요?

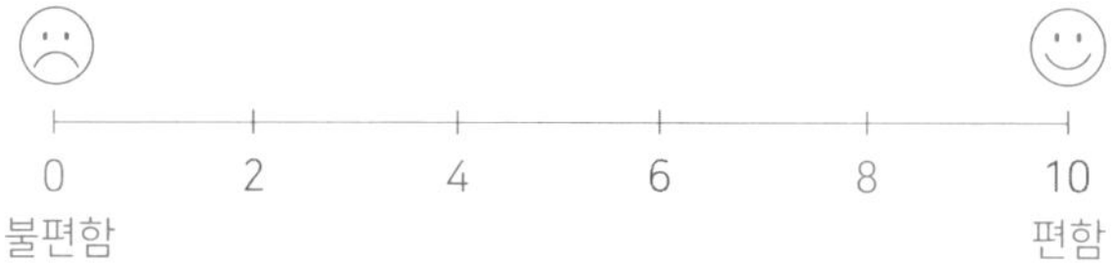

4. 마음일기를 쓰기 전과 후의 마음 상태를 비교해 보세요. 느낌이 어떠한가요?

5. 오늘 하루 동안 이성과 감정을 사용한 비율은 어떠한가요? 아래 그래프에 막대로 표시하여 비교해 보세요.

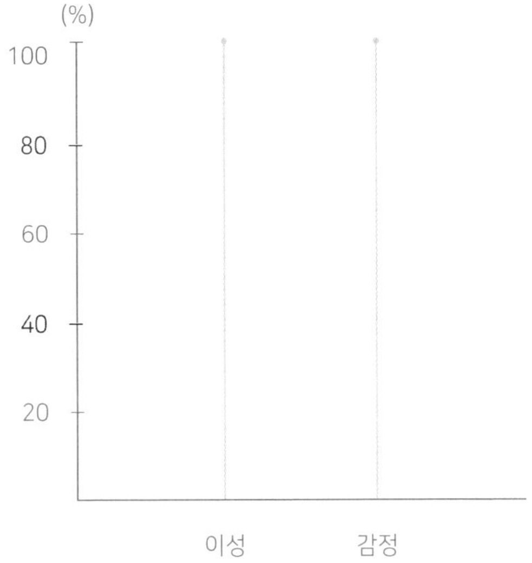

내일을 위한 버킷 리스트를 다시 만들어 봅니다.
지난번보다 더 구체적으로 잘 작성할 수 있을 것입니다.
내일 하루가 나의 마지막 날인 것처럼, 나의 최고의 날인 것처럼 생각하면서
그 날을 위해 하고 싶은 일은 무엇인지를 생각해 봅니다.
다른 사람의 버킷 리스트를 볼 수 있다면
그것은 나의 것과 어떻게 다른지 생각해 봐도 좋을 것입니다.
만약 다른 사람의 버킷 리스트가 마음에 든다면
그대로 모방하여 적어도 좋습니다.
단지 무엇이 어떻게 마음에 드는지를
꼼꼼하게 생각해 보고
나에게 가장 적합한 방향으로 적어 봅니다.

T O D A Y ' S • M E M O R I E S

_____년 _____월 _____일 • _____시 _____분 • 장소 __________

내 주변의 모든 것을 사람으로 생각해 봅니다.
내가 아침마다 입는 옷을 친구처럼 생각하며 말을 건네 봅니다.
'반가워. 밤새 잘 잤어? 오늘 나를 따뜻하게 해 줘서 고마워.'
'하늘아, 오늘도 환한 얼굴 보여 줘서 고마워. 내일은 흐려도 괜찮아.'
'분노야, 왜 그렇게 화가 났어?'
'미움아, 우리 다시 한번 생각해 보자.'
'불안아, 너는 왜 이렇게 나를 자주 찾아오니?'
'우울아, 오랫동안 나와 함께 해 줘서 고마운데…
나는 다른 친구가 생겼어.'
……
모든 것을 사람처럼 생각하며
마음으로 대화하는 시간을 많이 가져 봐도 좋겠습니다.
내 주변의 것들에 말을 건네 보세요.
내 마음의 목소리에도 귀를 기울여 봅니다.

T O D A Y ' S • M E M O R I E S

______년 ______월 ______일 • ______시 ______분 • 장소 ______

그냥 '좋은' 하루를 보내지 말고,
정말로 '중요한' 하루를 보내세요.
그리고 '의미 있는' 하루를 보내세요!

영화의 한 구절입니다.
나는 오늘을 얼마나 중요한 날로 만들었고
또 얼마나 의미 있는 날로 만들었을까요?
만약 그랬다면 어떤 면에서 그렇게 생각하나요?
만약 그러지 못했다면 어떤 면에서 그렇게 생각하고
왜 그러지 못했는지에 대해서 써 봅니다.
이제 다시 내일 하루를 살 때
어떻게 다르게 살 수 있을지에 대해서 써 봅니다.

T O D A Y ' S • M E M O R I E S

________ 년 ________ 월 ________ 일 • ________ 시 ________ 분 • 장소 ________________

되돌아보기

1. 마음일기를 쓰기 전의 내 마음 상태는 어떠한가요?

0 2 4 6 8 10

불편함 편함

2. 마음일기를 쓰는 동안에 무엇을 느꼈나요?

3. 마음일기를 쓴 후의 내 마음 상태는 어떠한가요?

0 2 4 6 8 10

불편함 편함

4. 마음일기를 쓰기 전과 후의 마음 상태를 비교해 보세요. 느낌이 어떠한가요?

5. 오늘 하루 동안 이성과 감정을 사용한 비율은 어떠한가요? 아래 그래프에 막대로 표시하여 비교해 보세요.

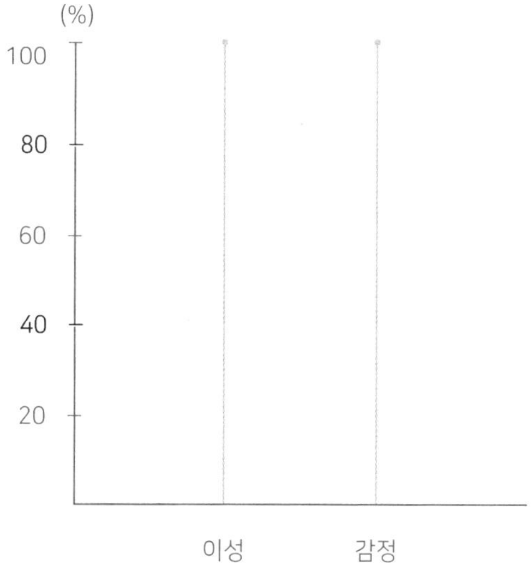

물감, 색연필, 펜 등 마음에 드는 대로 그림을 색칠해 보세요.
골치 아픈 일들에서 잠깐 벗어나 상상하는 대로,
손이 움직이는 대로 창의력을 펼쳐 보는 겁니다.

그렇게 세상에 단 하나뿐인 나만의 예술 작품을 탄생시켜 봅니다.

T O D A Y ' S • M E M O R I E S

________년 ________월 ________일 • ________시 ________분 • 장소 ________________

단 3분만이라도 눈을 감고 고요하게
천천히 심호흡을 해 봅니다.
그리고 작은 소리로 내 이름을 불러 봅니다.

미리 곰 인형을 준비할 수 있을까요?
그리고 인형을 꼭 끌어안고 쓰담쓰담 예뻐해 주면 어떨까요.
인형이 없다면 안을 수 있는 비슷한 것을 마련해도 좋습니다.
같은 요령으로 꼭 안고 쓰다듬으면서 예뻐해 줍니다.
그리고 속삭이듯 부드러운 목소리로 말해 봅니다.

내 이름과 함께 '사랑한다'고,
"_______는(은) 세상에서 가장 소중한 존재야." 하고 말해 봅니다.

횟수에 제한 없이 마음이 가는 대로 여러 번 반복해도 좋고
표현을 조금 달리해도 좋습니다.
칭찬의 말을 해 줘도 좋고 격려와 위로의 말을 해 줘도 좋습니다.
그렇게 할 때 기분, 느낌, 감정은 어떠한가요? 그것을 느껴볼 수 있을까요?
그 모든 것을 적어 봅니다.

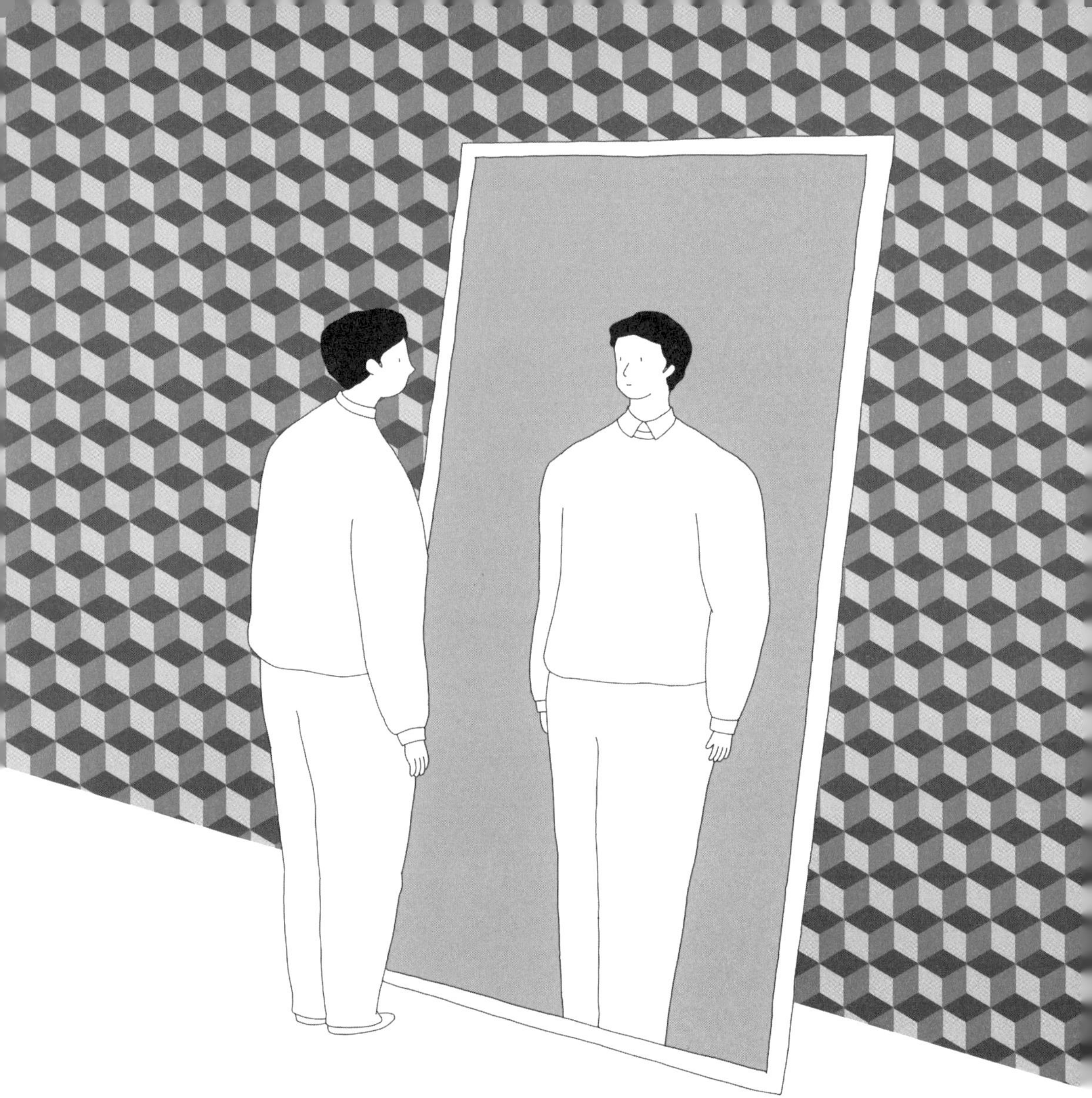

사소한 것들을 소중히 해야 하는 이유는
그 사소함이 삶을 이루는 버팀목이기 때문입니다.
사소한 기쁨만큼 사소한 슬픔도 소중하지요.
아무것도 없을 것 같은 빈 공간도 가만히 들여다보면 참 많은 뒷모습이 있듯이
가만히 오래 들여다보면 놓치고 보지 못했던 참 많은 소중함이 있습니다.
자세히 오래 나를 바라봅니다.
그리고 어떤 마음이 떠오르는지, 무엇이 느껴지는지 바라보고 느껴 봅니다.
그리고 그 마음들과 마음이 들려주는 이야기들을 적어 봅니다.

T O D A Y ' S • M E M O R I E S

______년 ______월 ______일 • ______시 ______분 • 장소 ____________

한 번 실패했다고 놀라지 말고
두 번 실패했다고 겁내지 말고
세 번 실패했다고 좌절하지 마세요.

몇 번의 실패 때문에 '나는 실패한 사람'이라고 좌절하고
'앞으로 모든 일이 실패할 것이다'라고 생각하면서 기가 죽는다면
그것은 바로 못된 최면에 걸리는 것입니다.
우리는 그런 최면에 걸리지 않도록 해야 합니다.
우리가 경계해야 할 것은 실패에 대한 두려움이 아닙니다.
오히려 내 맘에 들지 않는 결과를 얻었다고 해서 그것을 '실패'로 단정 짓고
지나치게 좌절하거나 스스로를 '실패자'로 낙인찍는 것입니다.
실패는 과거의 단어입니다. 지나간 일이지요.
과거는 간단히 짚고 넘어가는 것이 좋습니다.
실패를 통해 배우고 느낀 모든 것은
그 다음의 일을 보다 확실하고 잘 하게 합니다.
그런 면에서 실패는 고마운 경험입니다.
실패 때문에 절망스러운 적이 있었나요?
하지만 나중에라도 그것을 극복했다면 어떻게 잘 극복했나요?
그런 것들을 적어 봅니다.

T O D A Y ' S • M E M O R I E S

________년 ________월 ________일 • ________시 ________분 • 장소 ________________

되돌아보기

1. 마음일기를 쓰기 전의 내 마음 상태는 어떠한가요?

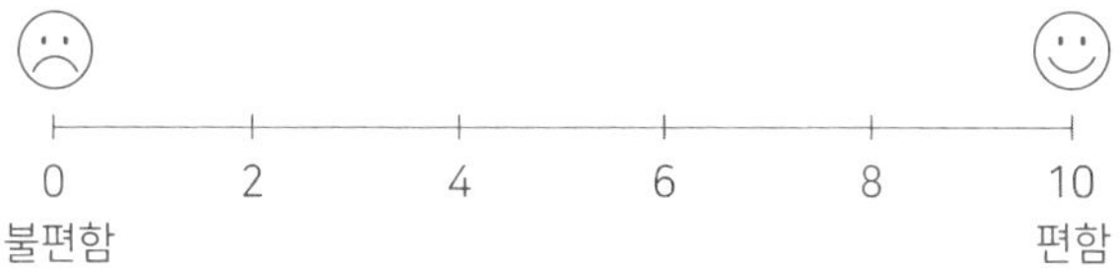

2. 마음일기를 쓰는 동안에 무엇을 느꼈나요?

3. 마음일기를 쓴 후의 내 마음 상태는 어떠한가요?

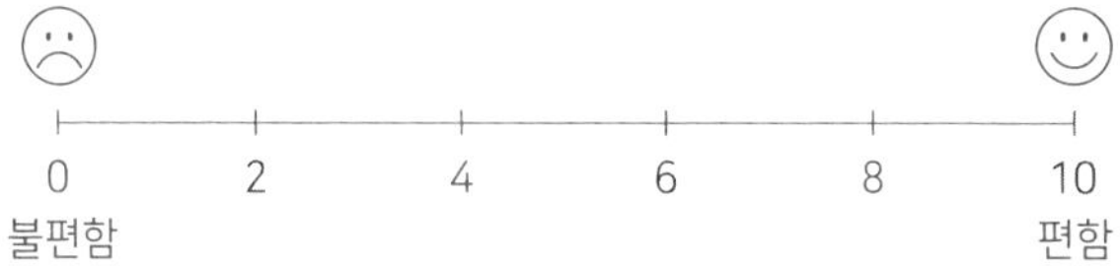

4. 마음일기를 쓰기 전과 후의 마음 상태를 비교해 보세요. 느낌이 어떠한가요?

5. 오늘 하루 동안 이성과 감정을 사용한 비율은 어떠한가요? 아래 그래프에 막대로 표시하여 비교해 보세요.

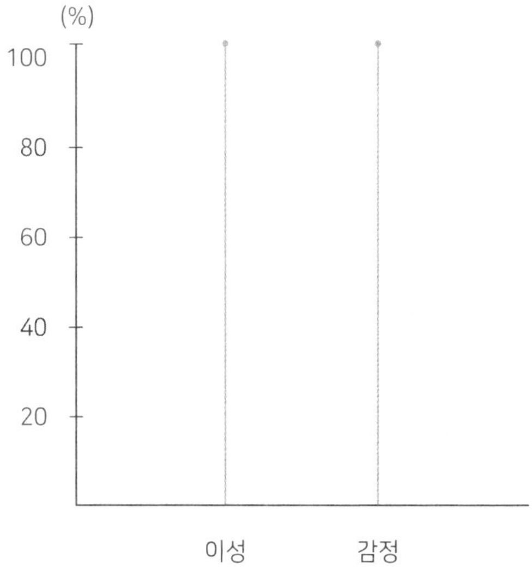

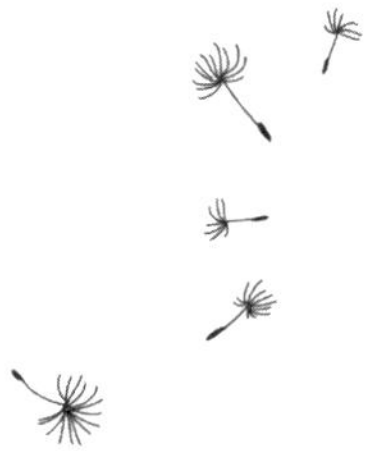

속에 들어 있는 것은 밖에서 보이지 않습니다.
그것을 바깥으로 끄집어낼 때 비로소 모습이 보이듯이
내 안에 머금고 있는 말도 입 밖으로 꺼내어 표현하는 것이 중요하지요.
차마 말하지 못했던 것을 말하는 법,
부드럽고 따뜻하게 잘 말하는 법을 생각해 봅니다.
하고 싶었던 일이나 행동이 있지만 실행하지 못하고 망설였다면
그것은 어떤 일이나 행동이었나요?
왜 하지 못했을까요?
지금 바로 실행한다면 어떨까요?
정말로 용기를 갖고 실행하고 실천해 봅니다.
지금 이 순간의 시작은 또 하나의 시작을 불러올 것입니다.
지금까지 담아 두었던 것을 꺼내 보기를 시작해 봅니다.
내면에 무엇이 담겨 있던가요?

T O D A Y ' S • M E M O R I E S

년 월 일 • 시 분 • 장소

〈이상한 나라의 앨리스〉에 나오는 한 마디입니다.
내 기분은 내가 정해야 하는데 누군가에 의해서
내 기분이 정해지고 내 마음이 휩쓸리지는 않은가요?
나는 오늘 무슨 기분을 정했나요?
그리고 무슨 기분을 정하지 않았거나 정할 수 없었나요?
그래서 결과는 어떠했나요?
그렇다면 내일 내 기분은 무엇으로 정하고 싶은가요? 그 이유는 무엇인가요?
이제 오늘의 기분, 내일 정하기를 원하는 기분에 대해서 적어 봅니다.

T O D A Y ' S • M E M O R I E S

년 월 일 • 시 분 • 장소

우리에게는 1분마다 인생을 바꿀 기회가 찾아온다고 합니다.
오늘 하루를 지내는 동안 우리는
1,440번이나 인생을 바꿀 기회를 맞이하고 보냈습니다.
바로 그런 이유로 지금 이 순간은 소중합니다.
세상에서 가장 빠른 인디언들은
'가야 할 때 가지 않으면 가려 할 때 갈 수 없다'고 했지요.
이 말은 곧 지금 바꾸지 않으면 바꿔야 할 때 바꿀 수 없다는 의미로 들립니다.
내가 바꿔야 할 순간이구나 싶을 때는 주저 없이 바꾸는 것이 좋습니다.
크고 원대한 것이 아닌, 지극히 사소한 것부터 의지를 발휘하여 바꿔 보겠다고
마음먹고 실천한다면 내 삶의 방향과 질이 달라질 것입니다.
지금 이 순간에 나는 무엇을 바꾸고 싶은가요?
그리고 그 다음 순간에는…
바꾸고 싶은 것들을 적어 봅니다.

T O D A Y ' S • M E M O R I E S

년 월 일 • 시 분 • 장소

되돌아보기

1. 마음일기를 쓰기 전의 내 마음 상태는 어떠한가요?

0	2	4	6	8	10
불편함					편함

2. 마음일기를 쓰는 동안에 무엇을 느꼈나요?

3. 마음일기를 쓴 후의 내 마음 상태는 어떠한가요?

0	2	4	6	8	10
불편함					편함

4. 마음일기를 쓰기 전과 후의 마음 상태를 비교해 보세요. 느낌이 어떠한가요?

5. 오늘 하루 동안 이성과 감정을 사용한 비율은 어떠한가요? 아래 그래프에 막대로 표시하여 비교해 보세요.

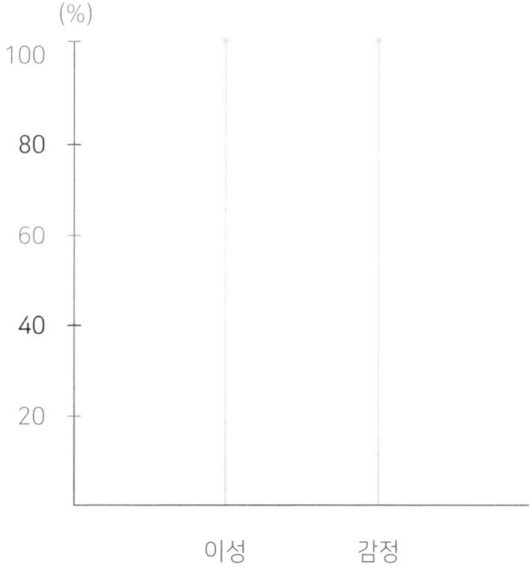

물감, 색연필, 펜 등 마음에 드는 대로 그림을 색칠해 보세요.
골치 아픈 일들에서 잠깐 벗어나 상상하는 대로,
손이 움직이는 대로 창의력을 펼쳐 보는 겁니다.

그렇게 세상에 단 하나뿐인 나만의 예술 작품을 탄생시켜 봅니다.

내가 기억하는 나의 '최초의 슬픔'은 무엇인가요?
그 슬픔은 언제, 어떤 이유로 생긴 것인가요?
혹시 누군가로부터 부당한 지적을 받거나 꾸중을 들은 기억인가요?
아니면 내가 원하는 것을 얻지 못했거나 원하는 대로 이루지 못한 것 때문인가요?
그 슬픔이 아직도 잊히지 않고 내 마음에 남아 있는 이유는 무엇일까요?
나의 최초의 슬픔을 떠올리면 내 마음이 어떤가요?
지금 그 슬픔을 생각해 보니 그냥 웃음이 나오나요?
아니면 정말 다시금 슬퍼지나요?

가장 최근에 경험한 슬픔을 생각해 봅니다.
그리고 이 두 가지 슬픔을 나란히 적어 봅니다.
맥락이 같은 슬픔인가요, 전혀 다른 슬픔인가요?
이런 슬픔에서 빨리 벗어날 수 있다면 그렇게 하고 싶은가요?
어떻게 하면 그렇게 할 수 있을까요?
내 슬픔에 대해서 적어 봅니다.

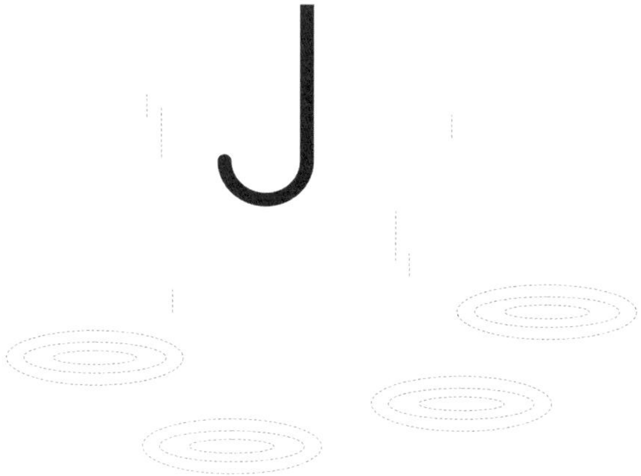

T O D A Y ' S • M E M O R I E S

_________년 _________월 _________일 • _________시 _________분 • 장소 ____________________

뒤돌아보지 말고 앞으로 앞으로…….

돌아보지 말라고 했음에도 불구하고 뒤를 돌아보았던
성경 속의 롯의 아내는 소금기둥이 되었습니다.
어제의 일, 오래 전의 일…….
내게 상처를 주었던 지나간 일들을 돌아보는 동안
나는 앞을 볼 수 없습니다.
앞으로 앞으로…….
묵묵히 쉬지 않고 나아가다 보면
나는 어느새 성큼 다른 곳에 도착해 있을 것입니다.
돌아보는 시간은 아깝습니다.
돌아보고 싶다면 아름다웠던 일들만 돌아보면 어떨까요.
그리고 나머지는 멀리멀리 흘려보내는 것입니다.
구름이 흘러가듯 둥둥 떠나가도록 해 봅니다.
평소에 나도 모르게 뒤돌아보는 일이 있다면 그것은 무엇일까요?
그것에 대해서 생각해 보고 적어 봅니다.

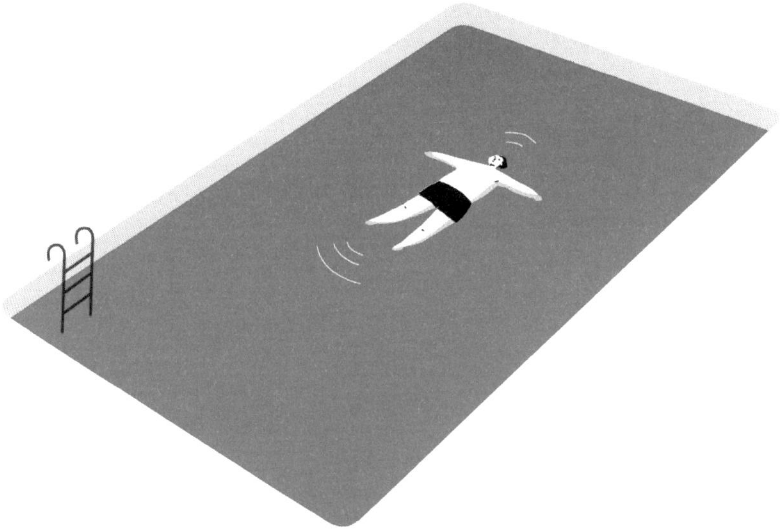

T O D A Y ' S • M E M O R I E S

______년 ______월 ______일 • ______시 ______분 • 장소 ______

혹시 무엇을 해야 할지,
나의 앞날이 불투명하여 불안할 때가 있나요?
다른 사람들은 자신의 미래를 미리 정하고
그 길을 잘 가고 있는데
나만 뒤처진 것 같은 기분이 들 때가 있나요?
때론 내가 내 길을 제대로 가고 있는지…
의문이 들 때도 있나요?
어디로 가야 할지 길을 모른다는 것은
내 앞에 모든 길이 열려 있다는
의미가 되기도 합니다.
그리고 그것은 어떤 길이든
자유롭게 택할 수 있는 멋진 선택이
내 앞에 있다는 것을 뜻하기도 합니다.
내가 가고 있는 내 마음의 길,
내 삶의 길이 어느 지점쯤 와서 머물고 있나요?
여기까지 온 내 마음은 어떠한가요?

T O D A Y ' S • M E M O R I E S

_________년 _________월 _________일 • _________시 _________분 • 장소 ____________________

되돌아보기

1. 마음일기를 쓰기 전의 내 마음 상태는 어떠한가요?

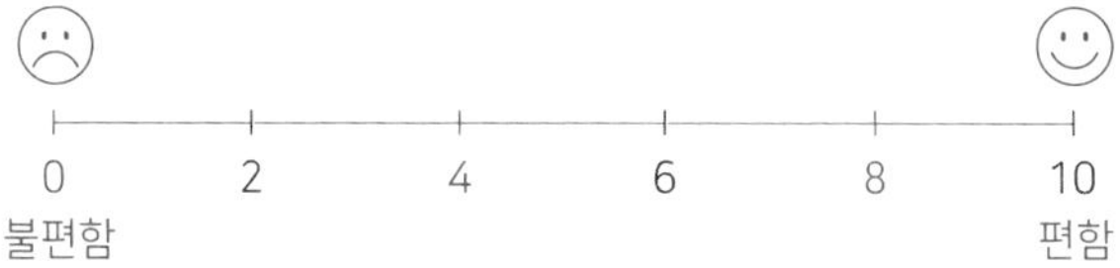

2. 마음일기를 쓰는 동안에 무엇을 느꼈나요?

3. 마음일기를 쓴 후의 내 마음 상태는 어떠한가요?

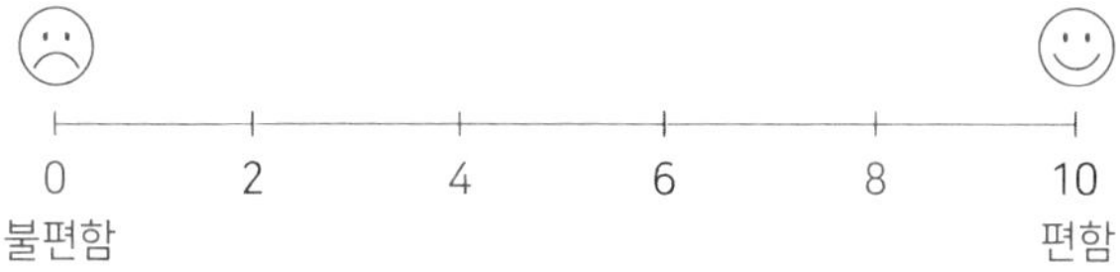

4. 마음일기를 쓰기 전과 후의 마음 상태를 비교해 보세요. 느낌이 어떠한가요?

5. 오늘 하루 동안 이성과 감정을 사용한 비율은 어떠한가요? 아래 그래프에 막대로 표시하여 비교해 보세요.

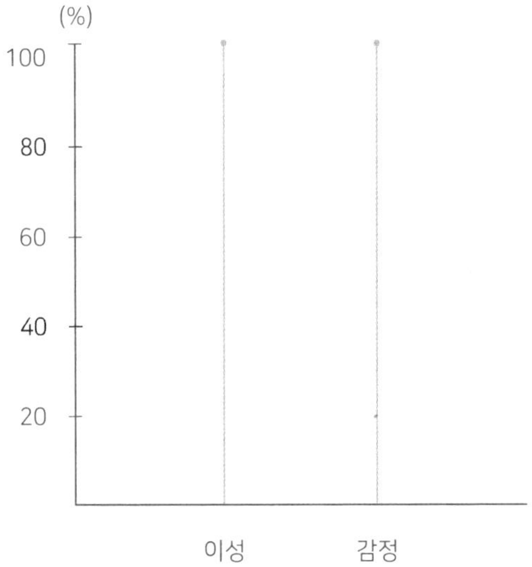

소망에 대해서 생각해 봅니다.
내가 원하는 것… 간절히 원하는 것…
내 모든 것을 던져서라도 이루고 싶은 것…….
나의 소망은 내가 간절히 내 모든 것을 바쳐 이루고 싶을 만큼 큰 소망인가요?
그냥 '이루어지면 좋겠다…….'는 소망이 아닐 수도 있습니다.
내 소망의 크기는 어느 정도인가요?
내 소망의 빛깔은 어떤 색깔인가요? 내 소망의 모양은 동그란가요?
세모나 네모 모양인가요? 아니면 구름 같은 모양인가요?
소망을 생각하며 그것을 이룬 후의 내 모습도 떠올려 봅니다.
기뻐하는 내 모습 위에 그것의 빛깔과 크기와 모양이
어떨지에 대해서 생각해 봅니다.
그리고 그런 내용들을 적어 봅니다.

T O D A Y ' S • M E M O R I E S

_____년 _____월 _____일 • _____시 _____분 • 장소 _____

나의 최초의 기쁨은 무엇이었나요?
어린 시절이었나요?
나를 기쁘게 했던 그 일이 무엇이었을까요?
부모님의 칭찬, 친구들과의 재미난 놀이,
혹은 공부와 관련한 칭찬이었나요?
내가 최초로 기쁨을 느꼈던 그 기억 속으로 떠나 봅니다.
다시 그 시절이 온다면 나는 어떤 기쁨을 재창조하고 싶은가요?
어떻게 하면 그렇게 할 수 있을까요?
그리고 가장 최근의 기쁨을 떠올려 봅니다.
최초와 최근의 기쁨 두 가지를 나란히 놓고 비교해 볼 때
어떤 공통점이 있나요? 그리고 느낌은 어떠한가요?
그런 내용들을 적어 봅니다.

T O D A Y ' S • M E M O R I E S

______년______월______일 • ______시______분 • 장소 ______________

T O D A Y ' S • M E M O R I E S

_____년 _____월 _____일 • _____시 _____분 • 장소 __________

"오늘의 특별한 순간들은 내일의 추억들이다."라고
알라딘의 램프 속에서 나온 지니가 말했습니다.

삶의 마지막 순간은 지난 날들을 돌아보는 시간이 될 것입니다.
좋은 추억이 많을수록 행복한 일생이었음을 의미할 것입니다.
삶은 결국 추억 만들기일지도 모릅니다.
내일을 위해 오늘 내가 만든 추억은 무엇인가요?
그 추억은 오래오래 마음에 남아 먼 훗날 나를 미소 짓게 하지 않을까요?
그렇다면 나는 하루를 살면서 어떤 추억을 많이 만들고 싶나요?

되돌아보기

1. 마음일기를 쓰기 전의 내 마음 상태는 어떠한가요?

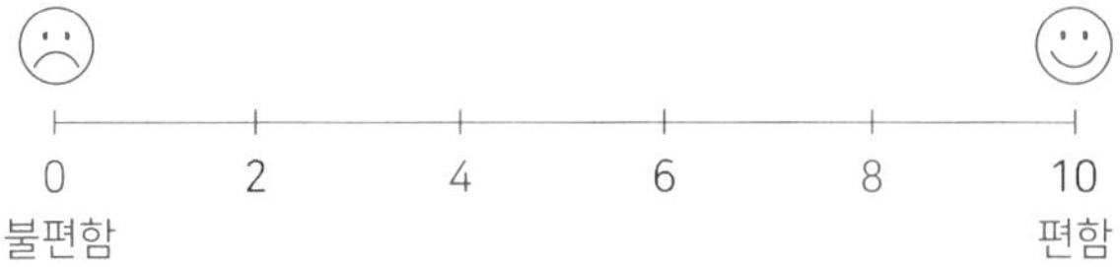

2. 마음일기를 쓰는 동안에 무엇을 느꼈나요?

3. 마음일기를 쓴 후의 내 마음 상태는 어떠한가요?

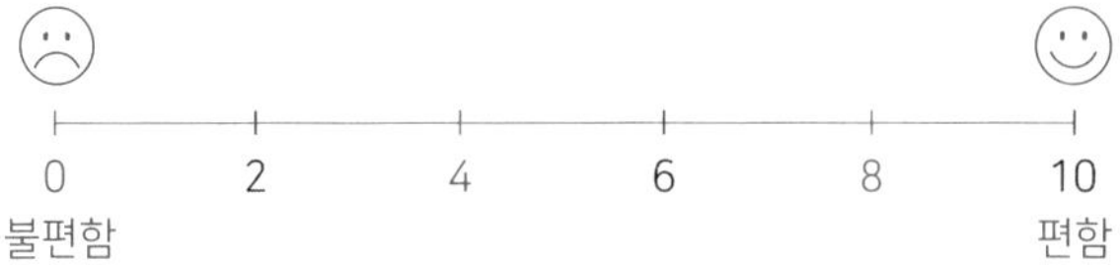

4. 마음일기를 쓰기 전과 후의 마음 상태를 비교해 보세요. 느낌이 어떠한가요?

5. 오늘 하루 동안 이성과 감정을 사용한 비율은 어떠한가요? 아래 그래프에 막대로 표시하여 비교해 보세요.

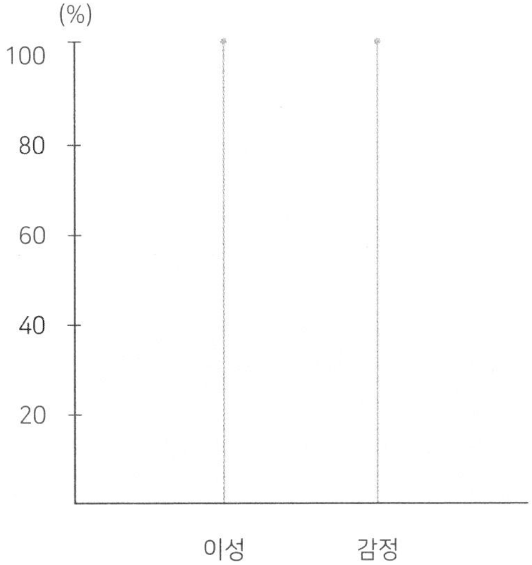

물감, 색연필, 펜 등 마음에 드는 대로 그림을 색칠해 보세요.
골치 아픈 일들에서 잠깐 벗어나 상상하는 대로,
손이 움직이는 대로 창의력을 펼쳐 보는 겁니다.

그렇게 세상에 단 하나뿐인 나만의 예술 작품을 탄생시켜 봅니다.

내게 가장 소중한 사람은 누구인가요?
그 사람의 어떤 면이 소중하게 느껴지나요?
소중한 사람은 내 곁에 있나요, 아니면 멀리 떨어져 있나요?
늘 볼 수 있는 사람인가요, 아니면 쉽게 볼 수 없는 사람인가요?
그 사람이 있기에 행복하고 감사한가요?
그는 나를 어떻게 생각하고 느낄까요?
그런 점에 대해서 나는 어떤 기분인가요?

나는 그 사람에게 무엇을 어떻게 해 주고 싶은가요?
그를 행복하게 해 주는 일에는 어떤 것이 있으며
나는 얼마나 자주 그렇게 하고 있는가요?
그래서 내 기분은 어떠한가요?
이런 모든 것에 대해서 생각나는 대로 적어 봅니다.

T O D A Y ' S • M E M O R I E S

________년 ________월 ________일 • ________시 ________분 • 장소 ________________

맑은 하늘에 구름이 흐르다가도 어느 날 문득 비가 내리고 바람이 불어옵니다.
날씨가 날마다 쨍쨍하게 맑지만은 않듯이 내 마음에도 바람 불고 비 내리고
때로는 눈 내리고 우박이 떨어질 때가 있습니다.
그런 현상은 날씨처럼 자연스럽습니다. 마음이 늘 유쾌한 것도 문제이지요.
오늘은 즐겁게, 내일은 우울하고 또 그 다음날은 절망스럽더라도 또 그 다음날은 맑음으로 돌아갑니다.
내 마음이 슬픔에 오래 젖어있다고 하더라도 그것을 이상하게만 생각할 필요가 없습니다.
언젠가 다시 기쁨이 차오를 날이 있을 테니까요. 다만 너무 오래 지속되도록 두면 곤란하겠지요.
나의 오늘은 어떤 바람이 불고 어떤 비가 내렸나요?
오늘 하루, 나의 마음을 구석구석 살펴보고 적어 봅니다.

TODAY`S • MEMORIES

____년 ____월 ____일 • ____시 ____분 • 장소 ________

나는 날마다 나의 영화를 찍습니다.
내 생각의 시나리오를 쓰고 스스로 연기하고 감독하고 연출하며
내 속마음이 담긴 영화를 찍습니다.
내 영화를 보는 관객들의 마음은 어떠할까요?

내 영화 속 주인공인 나. 보통 영화의 주인공들은 불행 속에서 기회를 찾고
끝까지 죽지 않고 살아남아 박수갈채를 받습니다.
우리는 모두 자신이 만든 영화의 주인공입니다.
나는 주연이지요.

날마다 찍는 한 편의 영화들,
내가 내리는 큐 사인을 설레는 마음으로 기다리며
행복한 배우 역할을 할 것입니다.

나는 오늘 어떤 영화를 찍었나요?

만족하면 만족하는 대로, 만족하지 못하면 못하는 대로
오늘 하루를 되돌아봅니다.

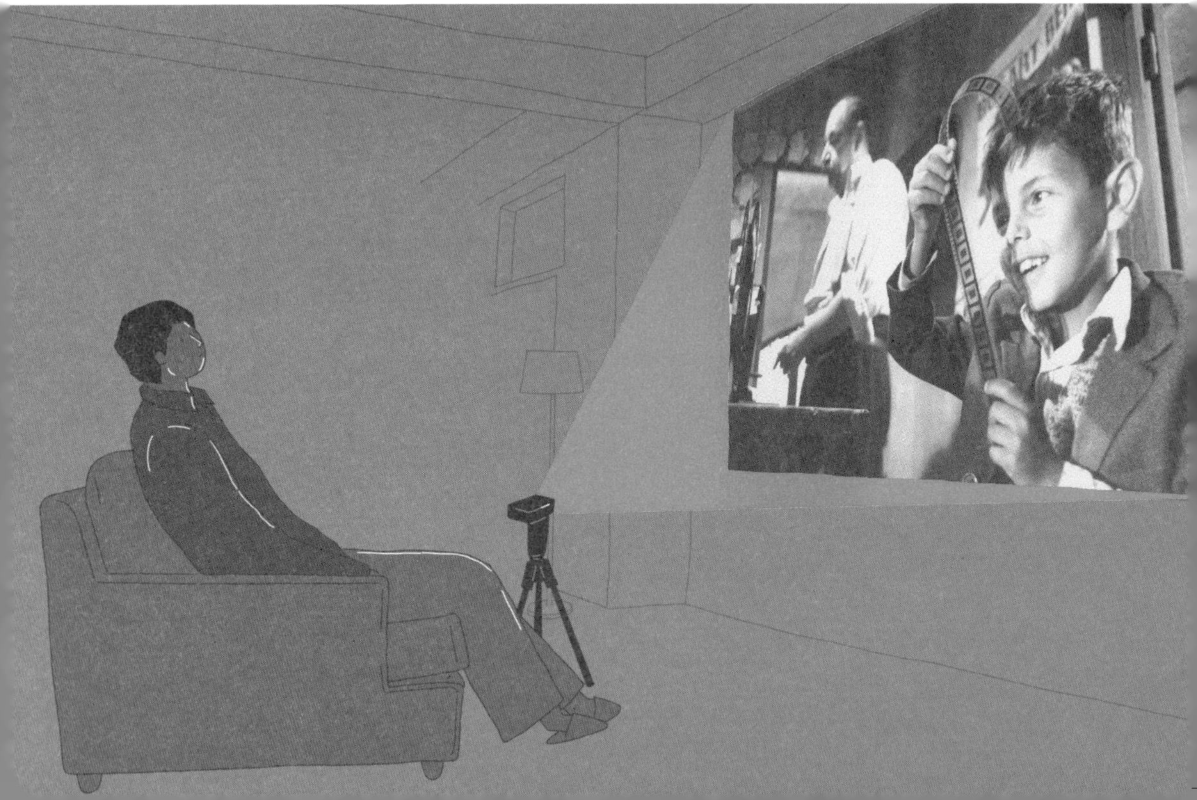

T O D A Y ' S • M E M O R I E S

_____년 _____월 _____일 • _____시 _____분 • 장소 _____

되돌아보기

1. 마음일기를 쓰기 전의 내 마음 상태는 어떠한가요?

0 2 4 6 8 10

불편함 편함

2. 마음일기를 쓰는 동안에 무엇을 느꼈나요?

3. 마음일기를 쓴 후의 내 마음 상태는 어떠한가요?

0 2 4 6 8 10

불편함 편함

4. 마음일기를 쓰기 전과 후의 마음 상태를 비교해 보세요. 느낌이 어떠한가요?

5. 오늘 하루 동안 이성과 감정을 사용한 비율은 어떠한가요? 아래 그래프에 막대로 표시하여 비교해 보세요.

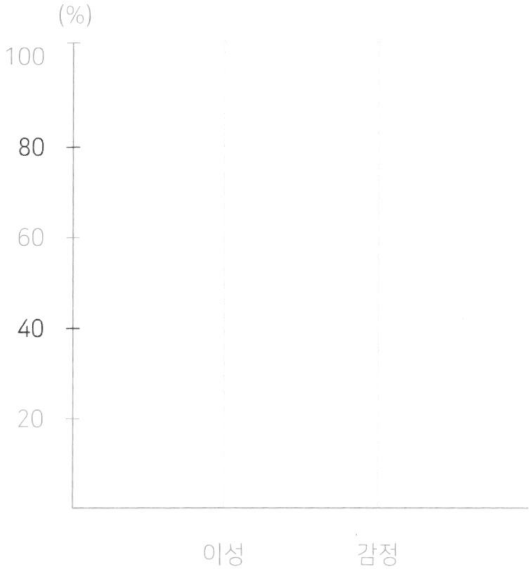

익숙하지 않아 낯선 것들
나를 어색하고 불편하게 하는 것들
왠지 외면하고 싶은 것들
나와 잘 맞지 않는 느낌을 주는 것들
…
그런 것들로 인해 하루가 힘들 때가 있습니다.
그런 것들로 인해 마음이 지옥 같을 때가 있습니다.

나는 어떤 것들이 낯설고 불편하고
외면하고 싶어지나요?
그 불편함에 대해서 모두 적어 봅니다.

T O D A Y ' S • M E M O R I E S

_____년_____월_____일 • _____시_____분 • 장소_____

T O D A Y ' S • M E M O R I E S

년 월 일 • 시 분 • 장소

쉼표 하나를 찍어야 할 때가 있습니다.
하던 일을 멈추고 쉬어 가야 하는 시간.
읽던 책을 잠시 덮고 쉬는 시간.
잠시 쉬는 일은 꼭 필요합니다.
멈추지 않고 나아가는 동안 볼 수 없는 것들은
멈추는 순간 그 모습을 드러냅니다.
길섶의 풀잎들처럼요.
나를 쉬게 해 주세요.
아무것도 하지 않고 가만히 누워서
내 마음대로 생각에 빠지거나
머릿속을 비운 채 그대로 둬도 좋겠습니다.
그냥 쉬어 보는 이 느낌…
어떤 기분으로 다가오나요?

잠 못 이루는 우리의 마음속에는
깊은 무의식 속에서도 놓지 못하는
긴장이 숨어 있습니다.
도무지 이해할 수 없는 과거의 경험이나
미래를 향한 불안이 사람을 고통스럽게 합니다.
무엇 때문에 힘겹고 불안한지
무엇이 나를 긴장하게 하고 잠 못 이루게 하는지
알아차릴 겨를도 없이 몸이 앓고 있습니다.
나는 잠을 잘 자는 사람인가요?
그렇다면 참 감사한 일입니다.
나는 잠을 쉽게 이루지 못하는 사람인가요?
그렇다면 무엇이 나를 잠을 못 이루게 하는지
마음속 여행을 떠나면서 찾아볼 수 있을까요?
쉽게 잠들 수 있어 감사한 마음을,
쉽게 잠들지 못해 아쉬운 마음을 여기 글로써 잠겨 보면 어떨까요?

T O D A Y ' S • M E M O R I E S

_______년 _______월 _______일 • _______시 _______분 • 장소 ______________

되돌아보기

1. 마음일기를 쓰기 전의 내 마음 상태는 어떠한가요?

0	2	4	6	8	10
불편함					편함

2. 마음일기를 쓰는 동안에 무엇을 느꼈나요?

3. 마음일기를 쓴 후의 내 마음 상태는 어떠한가요?

0	2	4	6	8	10
불편함					편함

4. 마음일기를 쓰기 전과 후의 마음 상태를 비교해 보세요. 느낌이 어떠한가요?

5. 오늘 하루 동안 이성과 감정을 사용한 비율은 어떠한가요? 아래 그래프에 막대로 표시하여 비교해 보세요.

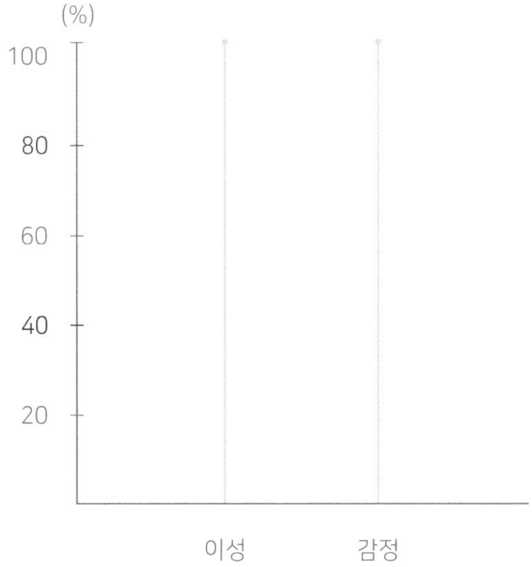

물감, 색연필, 펜 등 마음에 드는 대로 그림을 색칠해 보세요.
골치 아픈 일들에서 잠깐 벗어나 상상하는 대로,
손이 움직이는 대로 창의력을 펼쳐 보는 겁니다.

그렇게 세상에 단 하나뿐인 나만의 예술 작품을 탄생시켜 봅니다.

머물지 말고 흘러가야 합니다.
오늘의 꽃은 어제 내게 다가와 감동으로 피어나던 꽃이 아니며,
어제 온 산을 푸르게 흔들던 푸른빛들도
오늘은 다른 모습으로 다가옵니다.
내가 느끼고 경험하고 알아차리지 못해도
세상은 매순간 흘러가고 변합니다.
오늘 내게 주어진 스물 네 시간 속에서 나는 어떻게 흘러가야 할지,
어떻게 화가처럼 나를 그리고
시인처럼 나를 쓰며
나의 하루를 엮어 왔는지 잠시 생각해 봅니다.
오늘의 나는 어제의 나와 어떻게 다른 하루를 살았는지 써 봅니다.

T O D A Y ' S • M E M O R I E S

________년 ________월 ________일 • ________시 ________분 • 장소 ________________

우리가 일상에서 늘 접하면서도 무심코 지나치는 자연과 생명들이 있습니다.
그중에는 사랑스러운 것도 있지만 싫거나 가까이하고 싶지 않은 것도 있습니다.
이왕이면 사랑스럽거나 가까이하고 싶은 것에는 어떤 것이 있는지 생각해 볼까요?
그런 것들을 생각나는 대로 하나씩 꼽아 봅니다.
꽃, 풀, 나무, 강아지, 고양이, 새…….
물론 하늘, 바람, 햇살, 태양, 달, 별, 구름, 안개, 비와 같은 무생물도 떠올릴 수 있습니다.
이들 중에서 가장 마음에 와 닿는 것 세 가지만 선택해 볼까요?

그리고 하나씩 생각해 봅니다.
그들에게 눈이 있고 마음이 있다면, 그들에게 비친 나는 어떤 모습일까요?
그들은 나를 어떤 마음으로 보고 느낄까요?
그들이 나에게 해 주고 싶어 하는 말이 있다면 무엇일까요?

이제 그들의 눈에 비치는 내 모습을 짐작하고 상상해 볼까요?
그리고 나를 바라보는 그들의 마음을 느껴볼 수 있을까요?
어떤 마음으로 나를 보고 느끼는지 말입니다.
이제 그 모든 것들에 대해서 천천히 생각하면서 한 가지씩 기록해 보세요.

T O D A Y ' S • M E M O R I E S

______년 ______월 ______일 • ______시 ______분 • 장소 ______________

T O D A Y ' S • M E M O R I E S

년 월 일 • 시 분 • 장소

세상에는 두 가지 일이 있지요.

내가 할 수 있는 일과 도저히 내가 어찌할 수 없는 일…….
내가 어찌해 볼 수 없는 일, 내 능력을 벗어난 일은 내가 해야 할 일이 아닙니다.
물론 꿈을 갖고 목표를 세워 그 일을 해내기 위한 실력을 쌓고 노력하는 일이 있습니다.
하지만 현실적으로 내 능력으로 전혀 어찌할 수 없는 일도 있는 것이 사실입니다.
날씨나 천재지변이 그런 것이지요.
다른 사람들의 행동이나 처신에 관한 것도 마찬가지입니다.
아무리 애쓰고 노력하고 매달려도 현실적으로 내가 '어찌할 수 없는 일'이라면
그 일은 '나의 일'이 아니라고 생각해야 합니다.
혹시, 내가 도저히 할 수 없는 일을 붙잡고 온 힘을 다 빼고 있지는 않은지요?
또는 내가 거뜬히 할 수 있는 일임에도 불구하고 그냥 바라보기만 하는 것은 아닌지요?
곰곰이 생각해 보는 이 시간…….
그 일들을 분류해 보고 정리해 봅니다.
그리고 내 마음을 적어 봅니다.

되돌아보기

1. 마음일기를 쓰기 전의 내 마음 상태는 어떠한가요?

☹ ☺

0 2 4 6 8 10

불편함 편함

2. 마음일기를 쓰는 동안에 무엇을 느꼈나요?

3. 마음일기를 쓴 후의 내 마음 상태는 어떠한가요?

☹ ☺

0 2 4 6 8 10

불편함 편함

4. 마음일기를 쓰기 전과 후의 마음 상태를 비교해 보세요. 느낌이 어떠한가요?

5. 오늘 하루 동안 이성과 감정을 사용한 비율은 어떠한가요? 아래 그래프에 막대로 표시하여 비교해 보세요.

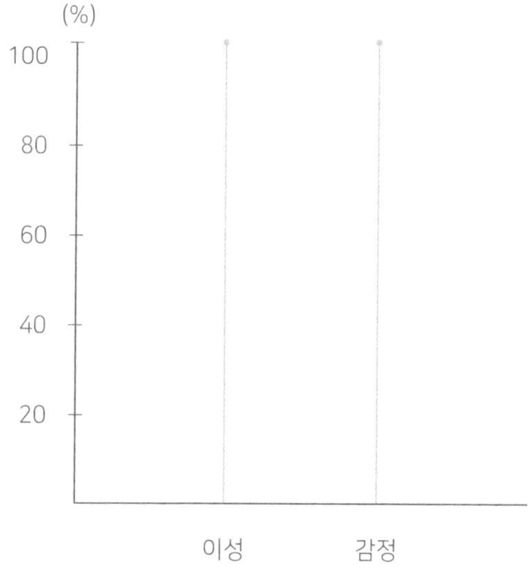

물감, 색연필, 펜 등 마음에 드는 대로 그림을 색칠해 보세요.
골치 아픈 일들에서 잠깐 벗어나 상상하는 대로,
손이 움직이는 대로 창의력을 펼쳐 보는 겁니다.

그렇게 세상에 단 하나뿐인 나만의 예술 작품을 탄생시켜 봅니다.

내 마음의 길을 따라
그림처럼 글로 적어 온 시간들은
어떤 시간이었나요?
나는 어떤 사람이던가요?
생각보다 아주 근사하고 멋진 사람이었을 거예요.
나 자신과 얼마나 더 가까워지고 친밀해졌나요?

내가 있어 나는 행복합니다.
내가 있어 가족도, 친구도, 이웃도
더욱 행복할 것입니다.
소중한 기록, 귀한 일기로 남은 이 흔적들을
마음에 담고 앞으로의 날들이
더욱 평화로워지길 소망합니다.

나와 내가 함께하는 소중한 시간들을
쭉 이어 앞으로도 오래오래
내가 나를 축복하는 세월로 엮어 주세요.
돌아보는 풍경이 모두 아름답기를 바랍니다.
참 좋은 날들입니다.
더불어 행복합니다.

저자 소개

설기문(Seol Kimoon)

설기문 박사는 미국 Alliant International University 대학원에서 상담심리 박사 학위를 취득하였고, 동아대학교, 동방문화대학원대학교의 교수, 캐나다 University of Victoria의 객원교수를 역임하였다. 설기문 박사는 상담 및 심리치료 전문가로 국제공인 NLP 트레이너, 최면치료 트레이너, NLP 코칭 트레이너, 시간선치료TM 트레이너이다. MBC 〈무한도전〉, SBS 〈스타킹〉, JTBC 〈신의 한 수〉 등 주요 방송 프로그램에 출연하였고, 상담, 심리치료, 최면치료, 부부상담 및 치료 등을 다양하게 소개해 왔다. 주요 저서 및 역서로는 『좀좀기법』(학지사, 2016), 『10분 안에 끝내는 불안 퇴치 비법』(공역, 학지사, 2017), 『NLP 입문』(공역, 학지사, 2010)이 있다. 현재 마인드코리아 대표 및 설기문 마음연구소의 원장으로 있다.

오늘도 충분히 애쓴 하루였습니다
마음일기

2019년 7월 10일 1판 1쇄 인쇄
2019년 7월 15일 1판 1쇄 발행

지은이 • 설기문
펴낸이 • 김진환
펴낸곳 • (주) 학지사
04031 서울특별시 마포구 양화로 15길 20 마인드월드빌딩
대표전화 • 02)330-5114 팩스 • 02)324-2345
등록번호 • 제313-2006-000265호

홈페이지 • http://www.hakjisa.co.kr
페이스북 • https://www.facebook.com/hakjisa

ISBN 978-89-997-1736-9 03180

정가 13,000원

저자와의 협약으로 인지는 생략합니다.
파본은 구입처에서 교환해 드립니다.